貧困パンデミック

寝ている『公助』を叩き起こす

稲葉 剛◉著

はじめに――2019年〜2020年、冬

中国の保健衛生当局が、湖北省武漢市で原因不明のウイルス性肺炎の発症が相次いでいるという報告をWHO（世界保健機関）に行ったのは、2019年12月31日のことである。このニュースは日本でも報道されたが、年末だったこともあり、その時点で大きな注目を集めることはなかった。

同じ日、私は東京・新宿の貸しスペースで開催された「年越し大人食堂」で、「今夜から泊まるところがない」という若者の相談にのっていた。

2019年の大みそかと2020年の1月4日に開催された「年越し大人食堂」には、2日間で延べ112人が来場。料理研究家の枝元なほみさんが作った料理が提供されたほか、生活・労働相談や緊急宿泊費の支援も行われた。

東京で「大人食堂」という名称の生活困窮者向けの相談会が開催されたのは、この年末年始が初めてである。この一年後、この何倍もの規模の「年越し大人食堂」を開催することになるとは、この時は思いもよらなかった。

東京で生活困窮者支援に関わる私たちが「大人食堂」の取り組みを始めた目的の一つは、「見えない貧困」を可視化することであった。

私は1994年から路上生活者支援の活動に関わり、2000年代に入ってからはネットカフェに

寝泊まりをするワーキングプアの若者など、幅広い生活困窮者の相談支援に取り組んできた。

２００３年以降、官民の支援策が整ってきた影響で、全国の路上や公園、河川敷など屋外で寝泊まりをする人々（狭い意味での「ホームレス」状態にある人々）の数は減少を続け、現在はピーク時の６分の１程度にまで減ってきている。

しかし、その一方で、ネットカフェや24時間営業のファストフード店に寝泊まりをしている人たち、知人宅に居候をしている人たちなど、広い意味での「ホームレス」状態にある人たちは逆に増加していると見られている。こうした「路上一歩手前」の状態にある人たちの多くは若年層だが、この層に対する行政の調査はほとんど実施されておらず、私たち民間の支援団体もアプローチできていない、という問題意識を私は持っていた。

路上生活者への支援活動では、夜の街を歩き、野宿をしている人たちに声をかけていく「夜回り（アウトリーチ）」や、公園などで食事を配食する「炊き出し（食料支援）」が一般的に行われている。どちらも生活に困窮している当事者と出会い、生活保護の申請や住宅支援などの具体的な相談支援につなぐための「入口」として重要な役割を果たしている活動である。

だが、ネットカフェ等に暮らす人たちへのアウトリーチは容易ではない。また、中高年の男性が多く集まる「炊き出し」には行きづらいと話す若者や女性は少なくない。

そこで、「大人食堂」という敷居の低い「入口」を設けることで、従来はなかなかアプローチできていなかった若者や女性にアプローチしたいと考えたのである。

2日間の「年越し大人食堂」を訪れた人の実数は約80人であったが、その中には「今夜から泊まるところがない」、「すでに路上生活になっている」という人も少なくなかった。そこで、相談にのった29人に「東京アンブレラ基金」から緊急の宿泊費を提供した。

「東京アンブレラ基金」は、私が代表理事を務める一般社団法人つくろい東京ファンドがさまざまな団体に呼びかけて、2019年春に設立した緊急宿泊費支援のための基金である。基金の元手となっているのは、2019年の春から夏にかけて実施したクラウドファンディングで集めた約600万円の寄付金である。

近年、子ども、若者、女性、外国人、LGBTなど、さまざまな分野で対人援助に取り組むNPOの活動が広がってきている。私が教員を務めている立教大学の社会人向け大学院の授業でも、これらの団体で活動をしている方々にゲストスピーチをしていただく機会があるのだが、活動をされている方々の話を聞くと、各団体の支援現場において「今夜、行き場がない」という状態の人に対して、実質的に支援をしているケースが意外と多いことがわかってきた。

例えば、女子高生を中心に十代の若者たちを支援している一般社団法人Colaboでは、家庭や学校に居場所がなく、夜の街をさまよっている若者を一時保護するシェルターを開設し、シェルターが満室の時はホテル代等の支給を行っている。

妊娠にまつわるさまざまな相談にのっているNPO法人ピッコラーレでも、ネットカフェに寝泊まりをする若年妊婦を支援するため、シェルターの提供や宿泊費の支援を行っているという。

日本国内に逃れてきた難民を支援している認定NPO法人難民支援協会では、難民申請中の外国人が公的な支援を受けられず、ホームレス状態になるケースが増えていることを受けて、シェルターを増設している。だが、それでも追い付かないため、宿泊費を支給することも増えてきたと聞いた。

そこで、さまざまな団体と協力をして「東京アンブレラ基金」という「共通の財布」を作り、各団体が実施する緊急宿泊費の支援に助成する仕組み（1人1泊あたり3000円を補助。連続4泊まで。後に1人1泊6000円×最大7泊まで拡充）を創設した。「アンブレラ」には「今夜、雨露をしのぐ場」という意味を込めている。

「年越し大人食堂」も、「東京アンブレラ基金」も、女性や若者、外国人など、従来の路上生活者支援の現場ではあまり出会えなかった人たちと直接的、間接的につながっていく仕掛けである。

当時、私は、国内の貧困問題を可視化させたと言われた「年越し派遣村」（2008年年末〜2009年年始）から10年が経ち、貧困問題が再び「不可視化」しているという危機感を持っていた。「見えない貧困」を再び可視化させ、社会や行政に対して、改めて貧困対策の拡充を訴えたい。それが2019年から2020年の初頭にかけて私たちが考えていたことだった。

この時点では、2020年夏に開催される予定であった東京五輪も頭痛の種であった。

私は、五輪により貧困問題がさらに見えにくくなり、都内の生活困窮者の居場所が奪われるのではないか、という懸念を抱いていた。2013年に東京五輪の開催が決まってから、東京都内の路上や公園から路上生活者を排除する動きは徐々に強まっていたが、開催期間中はさらに監視が強化されて、都内で野宿できる場所がなくなる可能性があった。また、都内のネットカフェも、ホテルに入りきれない観光客の宿泊を見込んで利用料が高騰するのではないか、という憶測が飛んでいた。そのため、2020年の1月には、五輪の開催期間中に行き場のなくなった生活困窮者が緊急避難できる場所をどう作るのか、という議論を関係者の間で具体的に始めていたのである。

しかし、それから3ヶ月も経たないうちに、状況は一変した。コロナ禍が日本国内にも広がり、3月末には東京五輪の一年延期が決定された。

そして、感染症のパンデミック（世界的大流行）が日本に上陸したのと歩を合わせるように、それまで見えなかった国内の貧困が急に可視化され、拡大していった。コロナ禍は世界中の国々で貧困を深刻化させたが、日本でも「貧困パンデミック」とでも言うべき状況が生じたのである。

本書は、2020年春から一年余りの間に私がウェブ媒体で発表した記事を中心に構成されている。生活困窮者支援の現場で起こっていることを追体験していただくため、各記事は基本的に発表時のまま収録し、状況の変化があった事柄については各記事の「追記」で補足の説明をしている。

この間、政治の世界では第二次安倍政権が終わり、「自助、共助、公助、そして絆」を掲げる菅義偉政権が始まった。

菅首相の言葉を借りるなら、本書はコロナ禍における「共助」の記録であると同時に、「公助」がいかに機能しなかったのか、を伝える記録にもなっている。私たち民間の支援者は、各々の限界を越えながら「共助」の活動を続け、同時に「公助」に本来の役割を果たすように働きかけを続けてきた。その活動の成否は読者に委ねたい。

目次

第2章　2020年夏

第4章　2020〜21年冬

第１章

2020年春

【2020年3月】緊急提言：コロナ対策は「自宅格差」を踏まえよ

――感染も貧困も拡大させない対策を

新型コロナウイルスの感染が拡大し、政府や専門家からは不要不急の外出を控え、自宅で過ごしてほしいという呼びかけが繰り返し行われている。テレワークの導入や小中高校の一斉休校により、老若男女を問わず、自宅で過ごす時間がこれまでになく延びてきている。

3月19日、政府の専門家会議は「入院治療が必要ない軽症者や無症状の陽性者は、自宅療養とする」ことを提言した。ここでも「自宅」がキーワードになっている。

◆温存されてきた「自宅」をめぐる格差

だが、一言で「自宅」と言っても、その住環境には大きな格差が存在する。長年、住まいの確保は自己責任と考えられてきた日本社会では、適切な住まいを保障することが住民の福祉の向上につながるという「居住福祉」の観点が弱く、「自宅」をめぐる格差は温存されてきた。

特に都市部に暮らす低所得者層は、十分な広さの住宅を確保できていないことが多く、中には安定した住まいそのものを失っている人も少なくない。

新型コロナウイルスの感染拡大を防ぐための対策やコロナ問題に端を発する経済問題、教育問題への対策では、こうした「自宅格差」を踏まえる必要があると私は考えている。

具体的には以下の点について考えていきたい。

一、「自宅」の住環境によって家庭内での感染リスクが高まる危険性がある

二、「自宅」の住環境や通信環境によって子どもの学力格差が拡大するおそれがある

三、経済危機の影響で生活困窮者が「自宅」を失わないための支援策が必要である

四、経済危機の影響で「自宅」を失った人に対して、感染リスクを考慮した支援策を提供する必要がある

以下に一つずつ見ていこう。

一、「自宅」の住環境によって家庭内での感染リスクが高まる危険性がある

厚生労働省は家庭内に感染が疑われる人がいるときの注意事項として、部屋を分けること、世話をする人を限定すること、マスクを付けること、定期的に換気すること等、８つのポイントを公表している。

しかし、民間賃貸住宅で暮らす低所得者の場合、部屋を分けること自体が難しい場合が多い。

例えば、東京都内で二人暮らしをしている生活保護世帯に認められる家賃の上限額は、かつては6万9800円であったが、2015年の住宅扶助基準引き下げにより現在は6万4000円となっている。

都内でも地域によって状況は異なるが、この金額ではワンルームしか借りられない地域も多い。とても家庭内感染を抑えることは不可能な住環境である。

専門家会議も家庭内の感染リスクについては承知をしており、軽症者や無症状の陽性者の「自宅療養」を勧めつつも、家庭内の感染リスクが高い場合には「症状が軽い陽性者等が宿泊施設等での療養を行うこと」や「同居家族が受診した上で一時的に別の場所に滞在すること」といった取り組みが必要だとしている。

住宅事情を考えると、特に大都市部で、「自宅」以外で療養できる場を作ることが求められている。大阪府はすでに患者を振り分けた上で、軽症者向けには稼働していない病棟やホテルを借り上げて療養スペースとして活用するという方針を発表している。

東京や横浜などの大都市の自治体も、この「大阪方式」を見習い、「自宅」だけに頼らない仕組みを作る必要があるだろう。

二、「自宅」の住環境や通信環境によって子どもの学力格差が拡大するおそれがある

2月27日、安倍首相（当時）は突然、3月2日から全国全ての小学校、中学校、高校、特別支援学校を臨時休校とする、という要請を行った。休校の判断は各自治体に任されることになったが、全国

のほとんどの学校が春休みまでの期間、臨時休校となった。

3月20日、萩生田文科相は全国一斉休校の要請については延長しないとの方針を表明したが、4月以降の状況によっては再度、休校となる可能性も残されている。

休校によって子どもたちが自宅で過ごす時間が増えたが、ここでも住環境の格差は無視できないと私は考えている。

東京都と首都大学東京（現・東京都立大学）が2016年に実施した「子供の生活実態調査」では、自宅の居住環境と子どもの勉強時間の相関関係が明らかになっている。

この調査は、都内の4自治体（墨田区・豊島区・調布市・日野市）在住の小学5年生、中学2年生、16～17歳の子どもとその保護者を対象とした大規模調査である。

その結果によると、16～17歳で自宅の居室が「3室以上」の場合、9割以上が家の中で勉強する場所を持っているが、「2室」の場合は82・2％にとどまっている。民間賃貸住宅に暮らす16～17歳の9・9％が勉強部屋を「持ちたいが、持っていない」と回答している。

居室の数が少ない住居では子どもの学習時間が少ない傾向にあり、居室の数で「ふだん（月～金曜日）学校の授業以外での1日あたりの学習時間」の状況を見ると、16～17歳においては、学校の授業以外で勉強を「まったくしない」のは、居室の数が「4室」、「5室」、「6室以上」の場合は約2割であるが、「3室」では29・4％、「2室」では37・8％と高くなっている。

全校休校により、自宅で過ごす時間が増えることにより、学力の格差がさらに広がることが懸念されている。

また、狭い自宅で長時間、家族が一緒に過ごすことにより、虐待やＤＶのリスクが高くなると指摘する専門家もいる。

全校休校により学童保育の重要性が再確認されたが、ここでも「自宅」以外の場を確保するために場所・人員・予算を振り分ける必要があると言える。

自宅の設備による格差も存在する。

全校休校要請を受けて、さまざまな企業やＮＰＯから子どもたちが自宅学習で活用できるオンライン教材を無償提供する、という取り組みが行われた。

しかし家庭にWi-Fiの環境がない貧困家庭は、こうした教材を活用することが難しい。これも学力格差につながりかねない問題である。

ＩＣＴ（情報通信技術）を活用した教育に力を入れている熊本県高森町は、休校対策として町内の全児童生徒４４５人が遠隔授業を受けられるよう、Wi-Fi環境がない世帯に携帯型のルーターを提供したり、通信環境が不安定な山間部の世帯にインターネット回線の開設工事をしたりするという支援策を実施した。

他地域でも、こうした通信面での「自宅格差」を解消する取り組みが求められている。

三、経済危機の影響で生活困窮者が「自宅」を失わないための支援策が必要である

現在、私たち生活困窮者支援の関係者が懸念しているのは、新型コロナウイルス問題を発端とした経済危機により、失業者や収入が激減する人が急増し、２００８~０９年の世界同時不況の時のよう

に、安定した住まいを失う人が多数出てしまうという事態が発生することだ。

すでに各国の株式市場が乱高下する等、世界経済への影響が深刻化しているが、国内でも観光業、飲食業、音楽、演劇、娯楽、百貨店など、人が集まることでビジネスが成り立つ業種はすでに大きな打撃を受けており、それぞれの職場で先の見えない不安が広がっている。

国際労働機関（ＩＬＯ）は3月18日、全世界で最大２４７０万人が失業する可能性があるとの予測を発表した。この数字は、リーマンショックを発端とする２００８～０９年の世界同時不況での失業者２２００万人を上回っている。

ただ、ＩＬＯは職場の労働者保護、景気・雇用刺激策、仕事・所得支援策を３本柱とする対策を実施すれば、失業者の増加を５３０万人まで抑えることが可能だと指摘している。日本でも政府が大胆な対策を実行することが求められている。

◆「自宅を失わないための支援」と「自宅を失った人への支援」の強化を

政府は3月19日、生活困窮者向けの支援策として、電気やガス、水道などの公共料金の支払期限を延長するなどの措置を講じるよう関係業界や自治体に要請した。国民全員に一定の現金給付をする案も検討されているという。

こうした対策に加えて、私は「自宅を失わないための支援」と「自宅を失った人への支援」を強化する必要があると考えている。

厚生労働省は、3月10日に「新型コロナウイルス感染防止等に関連した生活保護業務及び生活困窮者自立支援制度における留意点について」という事務連絡を各地方自治体に発出した。

この中で厚労省は、リーマンショック時に発出した通知を再掲し、庁内の各部局が連携しながら生活困窮者に適切な支援を実施すること、特に住まいに困窮している人にはさまざまな制度や社会資源を活用して一時的な居所の確保に努めること、福祉事務所は生活保護制度について十分な説明を行い、保護申請の意思を確認した上で、必要な人に保護を速やかに適用すること等を求めている。

特に最後の点については、「保護の申請書類が整っていないことをもって申請を受け付けない等、法律上認められた保護の申請権が侵害されないことはもとより、侵害していると疑われるような行為も厳に慎むべきであることに留意願いたい」と各自治体に「水際作戦」（生活保護を必要としている人を窓口で追い返すこと）を実施しないよう、あらためて釘を刺している。

厚労省が貧困の急速な拡大を先取りする形で、このような事務連絡を出したこと自体は評価したいが、私は現行の支援策では事態に対応できず、制度改正が必要だと考えている。

厚労省が「自宅を失わないための支援」の柱として考えているのは、生活困窮者自立支援法に基づく「住居確保給付金」制度である。

この制度は、リーマンショックを踏まえて２００９年に導入された「住宅手当」制度を恒久化したものである。

リーマンショック時に吹き荒れた「派遣切り」により、多数の人が仕事と住まいを同時に失ったことを踏まえ、「住居確保給付金」制度では65歳未満の「離職者」がハローワークに通って再就職支援を受けることを条件に、一定期間（原則３ヶ月間、最大９ヶ月間）、民間賃貸住宅の家賃分を補助するという仕組みになっている。

しかし、２００９年以降の社会の変化を踏まえると、「離職者限定」という要件は非現実的と言わざるをえない。

全校休校の影響で仕事を休まざるをえなかった労働者への救済策でも、雇用されている労働者とフリーランスとの格差が問題になったが、政府自体が近年、「多様な働き方」、「雇用関係によらない働き方」を推進してきたという経緯があるにもかかわらず、セーフティネットからはフリーランスや自営業者を排除し続けるというのは無責任極まりない。

「65歳未満」という要件についても同様である。

３月19日、70歳までの就業機会の確保を企業の努力義務とする高年齢者雇用安定法等の改正案が衆議院を通過したが、野党や労働組合からは高齢のフリーランスや個人事業主が増え、不安定な働き方を助長するという批判が噴出している。

近年、年金収入だけでは生活を維持できない「下流老人」問題が深刻化しているが、今回の法改正には、低所得の高齢者に働いてもらうことで貧困を緩和するという意図も盛り込まれているだろう。

以上のことを踏まえると、「住居確保給付金」の要件を大幅に緩和し、コロナショックの影響で収入が減少して、家賃の支払いが困難になった人全般に対象者を拡大するべきである。働き方や年齢によって選別をすべきではない。

なお、この要件緩和に法改正は不要であり、厚生労働省の省令を変えるだけで対応可能である。

また、経済危機の影響で家賃を滞納してしまった人を賃貸住宅から追い出さないよう、政府が家主に要請するという方法も検討されるべきだ。家主が損失を被った場合は補填をする仕組みも併せて作れば、ホームレス化する人を減らすことができるだろう。

※追記

２０２０年4月より、住居確保給付金の年齢要件は撤廃された。また、フリーランスや自営業で働く人も収入が減少した場合は利用できるという制度改正も行われた。

四、経済危機の影響で「自宅」を失った人に対して、感染リスクを考慮した支援策を提供する必要がある

自宅がない人、つまりホームレス状態にある人々をどうやって新型コロナウイルスから守るか、という問題は、日本ではほとんど議論されていないが、欧米では大きな課題として議論されている。

米カリフォルニア州のニューソム知事は、3月18日、今後8週間で、州内の路上で生活する10万8千人のホームレスのうち、6万人以上が感染し、医療システムに多大な負担が生じる可能性があるとする専門家の検討結果を発表した。

ロンドンのサディク・カーン市長は、3月21日、市内にいる路上生活者を感染から守るため、2ヶ所のホテルの部屋３００室を提供するという方針を発表した。

ホームレス状態にある人の感染を予防することは、人道的な課題であると同時に、公衆衛生の観点

からも重要であるという認識が広がっているのだ。

日本では幸い、欧米ほど路上生活者の数が多くない。

厚生労働省が昨年1月に実施した概数調査では、全国で確認された「ホームレス」数は、４５５人（男性４２５３人、女性１７１人、不明１３１人）となっており、ピーク時の２万５２９６人（２００３年調査）の5分の1以下に減少している。

この概数調査は、各自治体が基本、昼間に実施している目視調査に基づくものなので、数字が小さめに出る傾向があるが、近年、生活保護などの支援策につながり、路上生活から抜け出す人が増えているのは事実である。

ただ、厚労省は路上、公園、河川敷等、屋外で生活をしている人のみを「ホームレス」と定義しているため、ネットカフェや24時間営業の飲食店、貸倉庫、友人宅等に寝泊まりをしている人はこの調査から漏れている。

東京都は２０１７年の調査で、ネットカフェ等に暮らす人が都内だけで約４千人いると推計している。全国的な調査を実施すれば、１万を超える人数が確認できるだろう。

欧米のように homeless を広い意味でのホームレス状態にある人と捉えるならば、日本でも決して軽視をしてよい問題とは言えないだろう。

厚労省は3月10日の事務連絡の中で「住まいに困窮する方への支援」を強化することを自治体に求めているが、そこで例として出されているのは「ホームレス自立支援センター」等の活用である。

しかし、「ホームレス自立支援センター」等、住まいを失った人に役所が紹介する施設のほとんどは相部屋の環境であり、感染症対策という観点からは大きなリスクがある。

私は東京都内で路上生活者支援の夜回りを定期的に実施しているが、先日、有楽町駅近くで出会った高齢の男性は「生活保護を受けたいが、コロナのことを考えると、(役所が紹介する)10人部屋の施設なんて、おっかなくて入れない」と話していた。

首都圏の福祉事務所では、住まいのない生活困窮者が生活保護を申請した際、民間の宿泊施設を紹介するのが常であるが、こうした施設の中には劣悪な環境により「貧困ビジネス」と批判されている施設も少なくない。

厚生労働省は「貧困ビジネス」批判を踏まえ、2020年度より民間の宿泊施設を強化する方針だが、居室の個室化については3年間の猶予期間が設けられることになっている。

こうした状況に対して、ホームレス支援に関わ

写真1-1　路上生活者支援の夜回り

る医師からも、感染症予防の観点から見ると「野宿の方がはるかにマシ」であり、複数人部屋の施設は感染のクラスターになる危険性が高い、という指摘がなされている。

厚労省は3月10日の事務連絡でビジネスホテルやカプセルホテルの活用についても各自治体が事前に情報収集することを求めていたが、ロンドンのように行政が率先して個室の宿泊場所を多数確保しておく必要があるだろう。

私が提案したいのは、民間賃貸住宅の空き家・空き室の活用である。近年、災害時には、こうした空き家・空き室を行政が借り上げて、「みなし仮設住宅」として被災者支援に活用するという例が増えてきている。

今回のコロナショックも、一種の災害とみなし、行政は同様の措置を採るべきである。

感染症対策として、自宅から外に出ないことが推奨される中、「自宅格差」の問題はかつてないほど深刻なものになりつつある。

リーマンショック時には、住まいを失った生活困窮者を支えるため、日比谷公園で「年越し派遣村」の取り組みが行われたが、今回は同様の事態が生じたとしても、感染症リスクを考慮すると、人が多く集まる形での相談会の実施は難しい。

私たち民間の支援者も創意工夫をしていきたいと考えているが、ぜひ行政には事態が悪化するよりも前に、感染拡大防止と貧困拡大防止を両立できる対策を先手先手で実行していただきたいと願っている。

【2020年3~4月】もう一つの緊急事態

──「誰も路頭に迷わせない」ソーシャルアクションの記録

今、日本国内で二つの「緊急事態」が同時に進行している。

一つは、言うまでもなく、新型コロナウイルスの感染拡大を踏まえ、4月7日に発出された「緊急事態宣言」である。

もう一つは、貧困の現場における「緊急事態」である。

感染拡大による経済への影響は、屋形船の乗船者に感染が確認された2月頃から始まり、当初は、観光業、飲食業、音楽、演劇、娯楽など、人が集まることでビジネスが成り立つ業種で目立った影響が見られるようになった。

経済への影響は徐々に拡大し、現在は、ほぼ全ての業種が打撃を受ける経済危機が到来している。

経済危機が悪化の一途をたどる中、3月頃から収入の減少により、家賃の支払いが困難になるフリーランスや自営業者、非正規労働者が出始めた。

新たに住まいを失う人が急増しかねない、もう一つの「緊急事態」が到来しているのだ。

私たち生活困窮者支援の関係者が最も懸念しているのは、２００８年秋のリーマンショックに伴う「派遣切り」のように、多数の労働者が仕事と住まいの両方を失い、街にあふれる事態が生じることである。

労働問題に取り組むＮＰＯや労働組合のもとにはすでに、解雇、雇い止め、内定取り消し、大幅な給与カット等の相談が殺到しており、リーマンショックを上回る社会的経済的混乱が生じるリスクが日々、増大している。

２００８年～０９年の年末年始には、仕事と住まいを同時に失った人々を支援するため、日比谷公園で「年越し派遣村」の取り組みが行われたが、今回は感染リスクを考慮すると、「派遣村」のような多数の人が集まる相談会は実施できない。

今、新型コロナウイルスの感染拡大を防ぐため、「ステイホーム」（家で過ごそう）という呼びかけが日本を含めた世界中で広がっているが、貧困の現場では「ホーム」を新たに失う人が大量に出かねない危機が広がっている。

安定した住まいを失った人たちがホームレス化してしまえば、体調も崩しやすくなり、清潔を保つことも困難になる。人道的な観点からも、公衆衛生的な観点からも、そうした事態は絶対に避けなければならない。

すでに住まいを失っている人たちの状況も深刻だ。

路上生活者はサバイバル生活に慣れていると見られがちだが、実は家がないからこそ、都市のさまざまな機能に依存した生活を送っている。

飲食店が休業になれば、店の残り物をもらうこともできなくなり、図書館が閉まれば、昼間の居場所もなくなってしまう。

また、ネットカフェに生活している人は都内だけで約4千人（2017年、東京都調査）と推計されているが、緊急事態宣言発出に伴い、ネットカフェに休業要請が行われたことにより、この人たちは一斉に路頭に迷うことになった。

本稿は、この「もう一つの緊急事態」に際して、私たち生活困窮者支援活動の関係者が取り組んだアクションの記録である。

危機は今も進行しており、アクションも継続している。そのため、日記形式の記載で現状を報告したい。

私が関わっているのは、主に以下の3つの団体である。

写真1-2　夜回り活動中の著者

・一般社団法人つくろい東京ファンド（以下、「つくろい」と略す）
https://tsukuroi.tokyo/
２０１４年、設立。都内の空き家・空き室を借り上げて、個室シェルターや支援住宅として低所得者への住宅支援に活用する事業を展開している。設立以来、私が代表理事を務めている。

・住まいの貧困に取り組むネットワーク（以下、「住まいの貧困ネット」と略す）
http://housingpoor.blog53.fc2.com/
２００９年、「住まいの貧困」の解消をめざし、生活困窮者支援の関係者や住宅問題に取り組んできた活動家、研究者、法律家らによって結成されたネットワーク。住宅政策の転換を求める働きかけや政策提言に力を入れている。私は坂庭国晴さん（国民の住まいを守る全国連絡会代表幹事）とともに世話人を務めている。

・認定ＮＰＯ法人ビッグイシュー基金（以下、「ビッグイシュー基金」と略す）
https://bigissue.or.jp/
２００７年、設立。路上生活者の仕事づくりに取り組むビッグイシュー日本と連携しながら、路上生活者の生活支援や文化・スポーツ活動などに取り組んでいる。２０１９年11月、私は米本昌平さん（東京大学客員教授）、枝元なほみさん（料理研究家）とともに共同代表に就任した。

3月6日（金）

テレワークや時短勤務が広がり、『ビッグイシュー』の路上販売に苦戦している販売者が増えている。炊き出しを休止する支援団体も増えており、路上生活者の困窮がさらに深まっている。

ビッグイシュー基金のメンバーで話し合いを行い、Amazon ほしい物リストを活用した支援物資(保存できる食品など)を募集するキャンペーンを始める。

Twitter で呼びかけたところ、瞬く間に Amazon のリストの品がすべて充足され、反響の大きさに感激する。

集まった物品は、ビッグイシュー基金だけでなく、連携している各地の支援団体ともシェアすることにする。

3月16日(月)

ビッグイシュー基金と「つくろい」が合同で実施している夜回りに参加。新橋、日比谷公園、有楽町周辺を歩いて、野宿をしている人約20人に声をかける。

有楽町駅近くで、60代の男性と話をする。「生活保護を受けたいが、10人部屋は(感染が)おっかなくて入れない」と言われる。

各区の福祉事務所がホームレスの人たちに紹介する民間の宿泊施設に、相部屋のところが多く、居住環境が悪いことは、以前から当事者の間でも有名だったが、コロナ問題により問題がさらに深刻化していることを実感。

「つくろい」で運営している個室シェルターを増やしていくことを決め、物件を探し始める。

3月24日（火）

「つくろい」の活動を前々から応援してくれている女性から、自分の所有しているアパートの一室が空いたので、使いませんかという話をいただく。

コロナ危機により新たに住まいを失う人が増えかねない状況にあるので、大変ありがたいと伝え、翌日の夕方に、内見をすることに。

3月25日（水）

朝、協力してくれる不動産屋さんの紹介で、シェルター用の物件を内見。申し込みをする。

昼頃、住まいの貧困ネットの坂庭さんと電話で話す。SNSを見てもコロナ危機の影響で家賃が払えないという声が広がっており、早い人では今月末から払えなくなる人が出そうな状況。

家賃を滞納した人が追い出されて、ホームレス化してしまう事態を避けるために、大家さんや不動産業者に対する「緊急アピール」を出そうと提案して、合意を得る。

欧米では、家賃の不払いを宣言する「レントストライキ」が広がっているが、日本では民間賃貸住宅の入居者に居住権があるということすら知られていないので、文面を工夫することに。

急いで文案を作り、住まいの貧困ネットのコアメンバーにメールで送り、意見を求める。

夕方、支援者の女性から話のあったアパートの部屋を内見。借りたいと伝えたところ、「私がオーナーだから」と即決してくれる。すぐに不動産屋に行き、契約書を交わす。

夜、個室シェルター増設のための寄付を募ることを思いつき、Twitterに以下の文を投稿。

「コロナ危機による貧困拡大を踏まえ、つくろい東京ファンドで借り上げている個室（現在、都内25室）をさらに増やしていくことを決意しました。本日、都内数ヶ所の空き室を内見し、うち1室は大家さんのご厚意でその場で契約できました。採算度外視で緊急シェルターを増やしていくので、ぜひ寄付やシェアの応援をお願いいたします（https://tsukuroi.tokyo/donation/）」

投稿をして、短時間で寄付がどんどん集まっていく。私たちの社会はまだ捨てたものではない。

3月28日（土）

住まいの貧困ネットでまとめた「緊急アピール」を発表。Twitter等で拡散させる。考えた末、「#家賃の取立ては政府へ」というハッシュタグを付ける。

すべての家主、不動産業者、家賃保証会社への緊急アピール～家賃滞納者への立ち退き要求を止め、共に公的支援を求めましょう～（http://housingpoor.blog53.fc2.com/blog-entry-328.html）

アピールは、「警告」と「お願い」が同居する奇妙な文になった。

前半は、家賃を滞納した人を法的手続きに則らずに追い出すのは違法です、という警告。過去に追い出された人が損害賠償を請求した裁判で、ほぼ全て被害者側が勝っていることをリマインドした。

後半は、家賃を滞納した人を追い出しても空き家になるだけで誰も得しないから、入居者への公的支援を拡充させることで、問題を社会的に解決しませんか、という「お願い」。そのために私たちと一緒になって、政府に制度の改善を要求してください、と訴えた。

改善のポイントとして、政府が失業者に家賃を補助してくれる住居確保給付金制度や生活保護制度の使い勝手を良くすることを挙げている。

大家さんの団体や不動産業界団体には、政治力を持っている団体もある。その政治力を公的支援の拡充に使ってほしい、その方がウィンウィンですよ、という呼びかけである。

この「緊急アピール」の発表はメディアで取り上げてくれた。

不動産関係の各業界団体に送付したが、後で返信のメールをくれたところもあった。少しは効果があったようだ。

3月29日（日）

大家さん側に釘を刺したので、今度は入居者側に自分の居住権と生存権を知ってもらうためのブログ記事を執筆。

無理やり追い出されなくても、家賃を滞納した時点であきらめてしまい、自分から部屋を出てしまう人が多いので、それを防ぐための情報発信である。

家賃が払えない！　生活費が尽きた！　そんなあなたにできることは？（１）住宅維持編

(http://inabatsuyoshi.net/2020/03/29/3725)

家賃が払えない！　生活費が尽きた！　そんなあなたにできることは？（２）生活再建編

(http://inabatsuyoshi.net/2020/03/29/3730)

幸い、これらの記事もＳＮＳで広く拡散され、たくさんの人に読んでもらうことができた。Twitterを見ると、ライブハウスの営業停止で苦境に陥っているミュージシャンの間でも、記事はまわっているようだ。ぜひ自分の権利を知って、行使してほしい。

以前、都内の路上生活者の実数を把握する深夜の調査を行う「東京ストリートカウント」の活動を通して知り合った北畠拓也さんよりメール。

北畠さんは現在、まちづくりのための事務所を経営しているが、コロナ危機により住まいを失う人が急増することを懸念し、都内のホームレス支援団体と一緒に東京都に緊急要望書を提出したいという。

「つくろい」として賛同すること、他の支援団体にも声をかけることを約束し、都庁申入れの日程を調整してもらうことにする。

3月30日（月）

欧州から日本に旅行に来ていた若者からのＳＯＳ。帰りの航空機が飛ばなくなったため、帰国できず、滞在が長引いている間に所持金が尽きてしまった。このままでは路上生活になるというメールが入ったため、「つくろい」の事務所で面談する。

日本のアニメが好きで、仕事でお金を貯め、憧れの東京にやって来たとのこと。母国からのチャーター便が来るまでの数日間、「東京アンブレラ基金」から緊急の宿泊費を渡す。

「東京アンブレラ基金」は、「今夜、行き場のない人」に緊急宿泊のための資金を支援するため、都内のさまざまな団体と一緒につくった共同の基金で、「つくろい」が事務局を務めている。昨年のクラウドファンディングでは、約６００万円の寄付金が集まり、スタートできた。

当初はもちろん、日本に来ている観光客に利用してもらうことになるとは想定していなかった。緊急時だから、誰が路上生活になってもおかしくない状況にあることを再確認する。

家賃滞納に関する私のブログ記事を読んだ方から、相談のメールが届く。

自営業の売り上げが減り、賃貸住宅の家賃を滞納。家賃保証会社から出ていけと言われているという。

住宅問題に詳しい弁護士につなぎ、相談をしてもらうことに。

後日、分割払いで解決できたというメールが届く。

４月１日（水）

つくろい東京ファンドの広報担当の佐々木大志郎と相談をして、個室シェルター増設の寄付キャンペーンを正式に始めることにする。

キャンペーンを始めて、Twitterで拡散された途端、多くの個人からの寄付が届く。

以前から私たちの活動を応援してくれている批評家の若松英輔さんもTwitterで呼びかけてくれている。若松さんのツイート効果は絶大で、ありがたい限り。

4月2日（木）

若松さんが主宰をしている講座を受講しているという女性から、自分が所有している空き家の一軒家を提供したいという連絡があり、内見をさせてもらう。NHKの取材班が同行する。

2階建ての大きな一軒家で、大家族でも暮らせる居住環境。なんと、無償で提供すると言ってくれている。来週から使用できることに。

写真1-3　無償で提供いただけることになった一軒家

4月3日（金）

北畠さん呼びかけの都庁への申入れは、「つくろい」やビッグイシュー基金を含め、都内の6つのホームレス支援団体の連名で提出することになった。

午前中、東京都福祉保健局の担当者に会いに行き、緊急要望書を提出。担当者からは、問題意識を共有しているという感触を得ることができた。

新型コロナウイルス感染拡大に伴う路上ホームレス化の可能性が高い生活困窮者への支援強化についての緊急要望書（https://www.sharin.work/action）

その後、都庁記者クラブで記者会見。多数の記者が参加。記者会見における私の発言内容は以下のとおり。

「コロナ危機により今後、新たに住まいを失う人が急増するリスクがあることに加え、緊急事態宣言が発出令されてネットカフェが休業になれば、そこで寝泊まりをしている約４０００人が一斉に居場所を失う可能性がある。ネットカフェを出された人の多くは路上生活になったり、地方に移動したりする。そうなれば、感染の拡大を防ぐという観点からも問題が大きい」

「また、従来の行政によるホームレス支援では、生活保護を申請した人に対して、各区が多人数部屋の民間施設を紹介することが通例となっており、これも感染症リスクという点で問題がある」

「ロックダウンになったロンドンやパリなどの外国の大都市では、行政がホテルを借り上げてホームレス状態の人に提供をするという緊急対策が実施されている。都も諸外国を見習い、ホテル

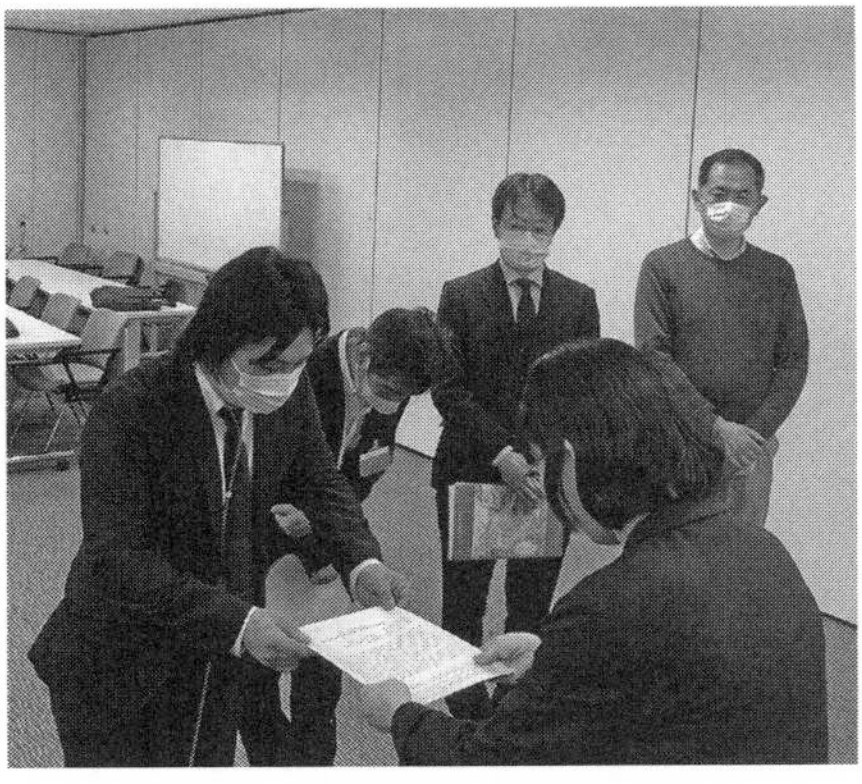

写真1-4　東京都への申入れ

や住宅などの個室提供を軸とした緊急支援を早急に始めるべきである」

私は長年、行政がホームレス状態にある生活困窮者に対して適切な支援を行わないことを批判してきた。

近年になって、公的な支援策は拡充されたが、依然として行政の支援が「相部屋の施設」を前提としているのは、人権上も、支援策の有効性からも問題であると指摘してきた。

感染症問題にかこつけるような形で持論を主張するのは本意ではないが、今回は戦術として、個室を提供しないと公衆衛生上の問題が生じるという点に力点を置いて主張することにした。

この日の申入れ、記者会見の模様は各社が報道してくれた。

午後、北畠さんとともに都議会議事堂に行き、各会派の控室を訪問。与野党の都議会議員に緊急要望書を渡し、協力を要請。

会派を問わず、問題意識は持ってくれ、都への働きかけを約束してくれる。

4月6日（月）

小池都知事の夜の記者会見。

緊急事態宣言が発令された場合の東京都の緊急対策の一つに、失業などに伴い住む場所を失った方々に一時的に住宅などを提供する事業を実施すると表明。

都の補正予算から12億円を計上したとのこと。

ネットカフェへの休業要請により居場所を失う人も緊急支援の対象になるのか、という質問が記者から出る。私たちの記者会見の際、熱心に質問をしてくれた新聞記者だ。

小池都知事の回答は以下のとおり。

「では私から。先ほどの、明日の、専決を行います予算232億円の中に、12億円盛り込ませて頂いております。これは、まさしくご質問にありましたようなところで、実は寝泊りもされておられるという方々、こういった方々が、仮の住まいと言いましょうか、滞在できる場所を確保するということを念頭に置いたものでございます。また、失業という、今、そのような現状がある中において、失業が増えているという、これらのことで、一時的な滞在場所を確保するという対応策でございます。おっしゃるご質問のとおりだと思っております」

やった！　これで何とか混乱は回避できる。

そう思ったのは甘かったと、後で知ることになる。

4月7日（火）

国の緊急事態宣言が発出され、8日（水）午前零時から効力が発生することが決まる。東京都など7都府県が対象。

小池都知事は昨夜の記者会見で、住まいを失う人への緊急支援を実施すると表明。ネットカフェの休業により居場所を失う人も対象だと説明したが、事業の概要はまだ明らかになっていない。

都庁への申入れの呼びかけ人である北畠拓也さんが東京都に問い合わせたところ、都の緊急宿泊支援は新宿にある「TOKYOチャレンジネット」（以下、「チャレンジネット」と略す）が窓口になることが判明。チャレンジネット事業は都が2008年から実施しているネットカフェ生活者のための支援事業だが、私たち民間の支援者の間では非常に使い勝手が悪い事業として知られている。一抹の不安がよぎる。

「つくろい」の事務局の佐々木大志郎と協議し、「東京アンブレラ基金」を通した緊急宿泊支援を緊急に拡充することに決める。「東京アンブレラ基金」は、「つくろい」が都内の13団体とともに作っている基金プログラムで、クラウドファンディングで集まった資金を元手に、各団体が「今夜、行き場のない人」の相談を受けた際、1人あたり1泊3000円を4泊まで出せる仕組みになっている。

1泊3000円というのはネットカフェでの宿泊を想定した金額だったためで、この度のネットカフェの休業を受け、当面の間、ビジネスホテル代を出せる1泊6000円まで引き上げた。宿泊数も7泊まで対応できるようにする。同時に新たな寄付を募るキャンペーンも始める。

緊急事態宣言が出るのを待たずに、早々と営業を自粛しているネットカフェも出てきている。東京都には一刻も早く緊急の宿泊支援を始めてほしいところだが、動きが遅い。このままでは、都が支援を始める前に、ネットカフェを出され、路上生活になってしまう人が続出するおそれがある。

再び佐々木と対応を話し合う。彼は生活に困窮して、一時期、ネットカフェ生活を送っていた過去があり、以前からネットカフェに暮らすワーキングプアに届く支援を強化したいと語っていた。彼自身の経験から、電話よりもメールの相談の方がアプローチしやすい、と判断。「つくろい」でメールフォームによる相談窓口を開設することを決める。

佐々木が急いで、メール相談フォームを作り、緊急事態宣言が出る1時間前、23時にオープン。Twitterで紹介したところ、多くの人が拡散してくれる。

24時、緊急事態宣言が発出される。

4月8日（水）

メールフォームを使って最初に相談をしてきたのは、意外なことに20代の女性だった。早速、メールで連絡を取り合い、新宿のアルタ前で待ち合わせ。「つくろい」のスタッフで、私のつれあいでもある小林美穂子と一緒に会うことにする。

いつもは人があふれているアルタ前には、私たちしか人がいない。アルタの大型ビジョンを通して流れる小池都知事の声だけが、新宿駅前の広場に響いている。どこかの映画で見たような光景。

相談者の女性と会い、ビジネスホテルに入ってもらう。とりあえず、ゆっくり休んでもらい、公的な支援につなげる予定。

メールフォームに届くSOSがどんどん増えてい

写真1-5　アルタの大型ビジョン

く。緊急事態宣言が出る前からコロナの影響で仕事が激減している人が多く、所持金が残り数十円という人も。電話もすでに止められていて、フリーWi-Fiのある場所に行ってメールで連絡をしてくるようだ。メールが唯一の命綱になっている。

佐々木と私がご本人とメールでやりとりを行い、「○時に××駅前で待ち合わせ」と決めていく。自宅で待機しているスタッフに連絡して、現場に駆けつけてもらい、都の相談窓口に行く交通費や当面の宿泊費（「東京アンブレラ基金」を活用）を渡す。感染リスクがあることを踏まえて、面談は屋外で行い、なるべく短時間で過ごす。

「屋外で待ち合わせをして、すぐにお金を渡すって、売人みたいだね」と小林が言う。

ネットカフェに宿泊している若年女性には、虐待やＤＶの被害を受けており、家から逃げてきたという人が多い。若年女性の支援をしている一般社団法人Colaboも、ネットカフェから出された女性への緊急宿泊支援を始めている。Colabo代表の仁藤夢乃さんと連絡を取り、連携していくことを確認する。

厚生労働省関係で良いニュースが二つ。

一つは、私たちが長年、求めていた「住居確保給付金」の要件が緩和された。住居確保給付金は、民間賃貸住宅の家賃を補助してくれる制度だ。が、従来は対象者が「離職後2年以内」の人に限られていた。今回のコロナ危機では、失業はしていないものの給与が大幅カットになっている非正規労働者がたくさんいるが、これまでは離職しない限り、制度を使えなかった。厚労省は4月20日から、離職はしていなくても収入が減った人も住居確保給付金を使えるように制度改正をした。この制度がうまく活用されれば、新たに住まいを失う人を減らすことができると期待。

もう一つ、厚労省は生活保護を柔軟に運用することも決めた。面談時間を短くするため、申請にあたっての調査を簡素化し、自動車保有の要件を緩和した。住まいを失った人が申請した際には、従来の基準を超える宿泊代金のビジネスホテルも活用してもよいとした。最後のセーフティネットである生活保護をフル活用しようという姿勢は評価できる。

4月9日（木）

東京都は、ビジネスホテルを５００室確保し、「チャレンジネット」で緊急宿泊の受け付けを始めたようだ。だが、都内には約４千人のネットカフェ生活者がいるため、これでは多くの人が支援からこぼれ落ちてしまうことになる。

私たちがサポートしている人からも「無事に入れることになりました」という報告が届く一方で、「行ったけど、ダメだった」という人もいる。

「チャレンジネット」の緊急宿泊支援の対象は「都内に6ヶ月以上いる人」に限られており、そのことを証明する書類の提示を求めている。ネットカフェの領収書や病院の診察券、Suica の履歴でも良いと言うが、そうしたものを一切持っていない人も少なくない。

都の担当者は、「都内6ヶ月未満」の人も受け入れると、困っている人が他県から多数流入してくると考えているらしい。それで、理不尽な足切りをしていると推察される。都が一切、広報をしないのも、同じ理由ではないかと疑っている。

「つくろい」のメール相談の件数は14件まで増え、都内各地からＳＯＳが入る。「人生詰んだ」「もうおしまいです」、「死んだ方がいいかと思う」と絶望している人も多い。

「つくろい」のスタッフだけでは対応しきれなくなり、普段から連携をしている団体や個人に協力を要請。即席の緊急出動チームに入ってもらう。

緊急事態宣言が出たことで、さらに人通りが減った。路上販売に苦戦している『ビッグイシュー』の販売者を支援するため、有限会社ビッグイシュー日本は「コロナ緊急３ヶ月通信販売」のキャンペーンを始めることにした。普段は行っていない通信販売を３ヶ月間限定（６号分。送料込み３３００円）で募り、その利益を販売者に還元する仕組みである。２千人を目標に募集を開始し、目標が達成すれば、販売者１人あたり４万６千円程度の現金給付を実施する予定である。

私もＳＮＳで、このキャンペーンの告知を拡散。瞬く間にリツイートや「いいね」が増えていく。

4月10日（金）

相談にのっている女性から電話が入る。区役所に相談に行ったが、「数日前に泊まっていたネットカフェが別の地域だから、そこの区役所に行け」と言われているという。

その場で担当者に電話に出て替わってもらい、私が交渉する。「この緊急時にたらい回しをするんですか！　今、相談者をあちこち行かせたら、国や都の感染症対策と逆行しますよ！　いいんですか！」とつい、声を荒らげてしまう。

担当者も「来る人みんなを受けていたら、窓口がパンクします！」と言い返してくる。職員がオーバーワークになっている状況には同情するが、相談者にしわ寄せが行くのは許せない。

「とにかく、上司と相談してください」と言う。

20分後、その担当者から女性の受け入れ先を探すことにした、という電話が入る。

一部には営業を継続しているネットカフェがあるものの、休業に踏み切るネットカフェが増えている。いよいよ今日、ネットカフェにも東京都から休業要請が出されることになった。

事態は切迫しているが、都は相変わらず、「都内に6ヶ月以上いる」というルールを崩そうとしない。このままでは、多くの人が路上に追いやられ、交通費のある人は一斉に地方都市に移動するだろう。メール相談は50件を超えたが、関西や北関東に移動した方からの相談も寄せられるようになってきている。つながりのある各地の支援団体にも協力をお願いして、対応してもらう。

東京都はまだ広報を始めない。さすがに腹に据えかねて、Twitterに以下の投稿をする。

「新宿、渋谷、池袋、上野、北千住、立川、蒲田……都内各地のネットカフェにいる人、すでに出された人からのSOSが止まりません。所持金がなく徒歩でしか動けない人もいるので、つながりのある他の支援団体にお願いをしてアウトリーチ型支援を続けていますが、これは都がやるべきことではないでしょうか？」(https://twitter.com/inabatsuyoshi/status/1248413753168687107?s=20)

現状をメディアに報道してもらうために、依頼の来た取材は全て受けることにする。取材の電話をひたすら受け続ける。

都の対応を改善させるため、メール相談の対応は佐々木に任せ、オンラインでのロビー活動に専念することにする。

会ったことのある都議会議員、国会議員に電話やメールで相談。自民党の国会議員にもオンライン会議で現状を訴える。与党の議員も、野党の議員も、問題点を認識してくれて、都や国への働きかけをしてくれる。

夕方、東京都が宿泊枠を2千人分まで増やし、「都内6ヶ月未満」の人も受け入れることになった、という情報が入る。大きな成果だ。

4月11日（土）

東京都はこの土日も「チャレンジネット」の窓口を開けることを決めたものの、相変わらず広報をしない。

SNSでは、行政の代わりに私たち支援関係者が「チャレンジネットに相談に行ってください」と広報をしている。都から広報費をもらいたいくらいだ。

日本共産党や公明党、無所属の都議会議員、区議会議員も広報に力を入れている。足立区区議会議員のおぐら修平さん（立憲民主党）はチャレンジネットや福祉事務所への同行もしてくれている。

この緊急時に「路頭に迷う人を出さない」というのは政治的立場を越えた共通の目標になりつつある。

夕方、池袋の公園で行われているＮＰＯ法人TENOHASIによる路上生活者支援の炊き出し・相談会に顔を出す。自民党の国会議員と共産党の都議会議員も、それぞれ現場視察とボランティア参加を兼ねて現場に来ている。双方に、この間の協力のお礼を伝え、現状を説明する。

4月13日（月）

都は「都内6ヶ月未満」の人も受け入れると決めたものの、あくまで「都内に6ヶ月以上いる」というルール自体は死守する構えだ。６ヶ月以上の人は、「チャレンジネット」で受け付けをして、５月６日までビジネスホテルに泊まれるが、６ヶ月未満の人は以前住んでいた各区・市で支援をするという。

そのため、11日（土）、12日（日）にチャレンジネットで受け付けをした6ヶ月未満の人は、今日、いったんホテルから出され、各自、自分のいた地域の区役所・市役所に相談に行ってください、という対応になっている。

相談にのっていた男性から、区役所に行ったが、対応をしてくれなかった、という連絡が入る。同様の話が各地から入り、対応に追われる。

この日は路上生活者支援の夜回りを予定していたが、感染リスクを踏まえ、ボランティアの参加は控えてもらった。

夜、ホームレス支援に関わる医師の車に乗せてもらい、二人で路上生活をしている人にパンとマスクを2人で渡していく。顔見知りの多い中野周辺と有楽町周辺を回るが、公共施設や公園の一部区画が閉鎖されているため、どこに行ったかわからない人が何人もいる。

4月とは思えない寒さの中、みんなどこにいるのだろうか。

4月14日（火）

自民党内に「ハウジングファースト勉強会」が設立され、初回の会合が開かれる。私はオンラインで講演を行い、従来の行政施策の問題点とコロナ危機における住宅支援の重要性について説明をする。

「ハウジングファースト」とは、生活困窮者への支援において、安定した住まいの確保を最優先にする支援アプローチである。コロナ危機において、ハウジングファースト型の支援が有効だという認識が与野党を問わず、広がっているのは、喜ばしいことだと思う。

4月15日（水）

13日（月）に区役所で生活保護を申請した男性からＳＯＳのメールが入る。

役所の担当者から何の説明もないまま連れて行かれたところが、相部屋の民間施設だった。

他の入所者は誰もマスクをしておらず、せき込んでいる人もいて、怖くて仕方がないと言う。

「ここに案内されたことで先行きが真っ暗で。贅沢は言いませんが、あまりにも不衛生すぎる室内。食事も一口も手を付けてません。昨日も一睡もできませんでした」

「１日、過ごしてみましたが、今すぐにでもここから出たい気持ちでいっぱいです」

すぐにご本人と連絡をとり、小林ともう一人のスタッフが役所に交渉に行く。すぐにビジネスホテルに移れることになる。

同様の事例が相次いでいるという報告を受ける。都内６ヶ月未満で、13日に生活保護を申請した人が次々と相部屋の施設に入れられている模様。

ネットカフェに休業要請が出されたのは、感染症の拡大を防ぐことが目的だったはずだが、そこから出された人がネットカフェよりも危険な場所に誘導されているのでは本末転倒である。

背景には、東京都が４月10日に各区・市に出した事務連絡がある。そこでは、住まいのない人が新たに生活保護を申請した場合は、「第一義的に」民間の施設等を活用することと書いてある。都がビジネスホテルを多数確保したにもかかわらず、それはなるべく使わせまいという意図があるようだ。

３日に申入れをした際に、都の保護課長の名刺をもらっていたので、電話をして直談判をすることに。

保護課長は、民間施設を優先するのは「既存の制度の運用であり、変えられない」の一点張り。あまりに官僚的な受け答えに、「あなた、自分だったら、相部屋の施設に入れますか！」と問い詰め、詰め寄ると、「当初の事務連絡は変えられないが、Q＆Aを出し直して、柔軟に対応できるようにする」と答える。

Twitter に怒りの投稿。

「怒りに体が震えている。ネットカフェを出されて野宿になり、やっとビジネスホテルに入れて助かったと思ったら、ネットカフェより環境の悪い貧困ビジネス施設に入れられる。その絶望感を理解できない人は、福祉の仕事を辞めた方が良い」（https://twitter.com/inabatsuyoshi/status/1250265785785712640?s=20）

夕方、都から新たな事務連絡（Q＆Aの変更）が出る。本人とのやりとりにおいて民間施設が困難と判断した場合は、ビジネスホテルを使ってもよい。民間施設を使う場合も、施設の感染症対策を確認した上で、可能な限り個室で対応すべしという内容。

中途半端な改善ではあるが、相部屋に入れられた人が「こんなところは無理」と主張すれば、個室に移れる余地は広がった。

北畠さんが起案し、ホームレス支援団体の連名で東京都と厚労省に新たな要望書を提出。個室対応の徹底を求める。

4月16日（木）

反貧困ネットワークが呼びかけ、20以上の団体が集まって結成された「新型コロナ災害緊急アクション」が、各省庁との初めての交渉に臨む。

交渉のテーマは、福祉、労働、教育など多岐にわたる。私は住宅分野を担当している。

私が強調したのは、住居確保給付金に関する法律を再改正する必要があるということ。4月20日から、離職者だけでなく、休職等により収入が減少した人にも門戸を開いたことは良いことだが、もう一つ、ネックになっているのが、「正社員として雇用されることをめざして、求職活動に励む」という要件だ。

今回の危機では、フリーランスの音楽家やアーティストが経済的な打撃を受けている。その人たちに対して、正規雇用をめざして求職活動をしろと言うのは、今の仕事をやめろと言っているようなものであり、あまりに酷だ。

せっかく対象者を拡大したのだから、求職活動の要件も緩和し、もっと使いやすくすべきである。

Twitterに書かれていた声楽家の意見も紹介しながら、厚労省の担当者に改善を求める。担当者は「持ち帰って検討する」とのこと。

れいわ新選組の山本太郎さんより連絡。生活保護を申請した人が相部屋の施設に入れられるのを止めるため、厚労省の社会・援護局長に申入れをするという。この件では、与党の議員も動いてくれている。

写真1-6　４月16日、省庁との交渉の前に、議員への要請を行う

４月17日（金）

４月９日（木）にメールで相談が来て、「つくろい」の個室シェルターに入所していた若者から、無事にビジネスホテルに移れたという連絡が来る。

新宿アルタ前で待ち合わせをして、シェルターの鍵を返却してもらう。求人が減っていて、仕事探しも大変だが、がんばりますとのこと。

厚労省が各自治体に新たな事務連絡を発出。

「新たに居住が不安定な方の居所の提供、紹介等が必要となった場合には、やむを得ない場合を除き個室の利用を促すこと、また、当該者の健康状態等に応じて衛生管理体制が整った居所を案内する等の配慮をお願いしたい」(https://www.mhlw.go.jp/content/000622762.pdf) との内容が盛り込まれた。

当たり前のことだが、ようやく相部屋に入れるのはダメという方針が示されたことになる。

厚労省が「新規の人については原則、個室へ」という方針を出したのに合わせて、東京都も新たな事務連絡を出し、「原則、個室対応」へと方針転換した。

今後、新たに生活保護を申請した人が相部屋の施設に入れられる、という事態は避けることができそうだ。

相部屋問題は、さまざまな立場の人が声をあげ、メディアが報道し、政治家も動いてくれたおかげで、短期間で改善を勝ち取ることができた。

だが、残された課題もある。

民間施設（無料低額宿泊所）がビジネスホテルに優先されるという点は変わっていない。多数のビジネスホテルの居室を確保したにもかかわらず、なるべくそれを使わせたくない、という東京都の姿勢も変わっていない。

もともと民間施設に入っていた生活保護利用者の置かれている環境も忘れてはならない。いま施設にいる人も、希望する人は早期に居宅に移ってもらうか、ビジネスホテルへの転居を進めるべきである。

ビジネスホテルに入っている人についても、宿泊期間が終わった後、東京都に住宅支援を実施させる必要がある。

感染症の拡大を防止するという観点からも、ハウジングファースト型の支援の有効性が明らかになりつつある中、新たな生活困窮者支援のモデルを確立しようという動きと、従前の「施設ファースト」型の支援を継続させようという動きがせめぎ合っているように私には見える。

「もう一つの緊急事態」を乗り越えるためには、官民ともに「住まいを失わないための支援」と「住まいを失った人への緊急支援」の両方を強化させることが必要不可欠である。

感染症リスクを踏まえると、かつてのような大規模な相談会や集会、デモといったツールは使えないが、現場での相談支援を進めながら、オンラインによるロビー活動、政策提言、ＳＮＳやメディアを通した社会への発信を展開していくことは可能だ。

「誰も路頭に迷わせない」ためのソーシャルアクションは、今後も続いていく。

【2020年4月】ネットカフェ休業により路頭に迷う人々
――東京都に「支援を届ける意思」はあるのか?

「ネットカフェ休業により、住む場所がなくなってしまいました」

「携帯も止められ不安でいっぱいです。もう死んだ方が楽になれるのかなと思ってしまいます」

「住む家もお金もないです。そもそも新しい感染症があることも先々週知りました。マスク買うお金ないし、そもそも売ってない。人生詰んだと思ってます」

「ネットカフェ暮らしでしたが、営業休止で寝泊まりする場所がなくなり、また仕事も職場が自粛すると共に退職扱いになり、所持金がほぼありません」

「お金がなく、携帯もフリーWi-Fiのある場所でしか使えず、野宿です」

これらは、私が代表理事を務める一般社団法人つくろい東京ファンドが実施している緊急のメール相談フォームに寄せられたSOSのごく一部である。

◆ネットカフェにも休業要請、半月で１００件を超える緊急相談メール

東京都では4月8日に緊急事態宣言が発令され、11日にはネットカフェにも休業の要請が行われた。都内のネットカフェ等に寝泊まりをする住居喪失者は約４千人（２０１7年、東京都調査）と推計されているが、この人たちの多くが居場所を奪われる事態が生じたのである。

4月7日の夜に私たちが開設した緊急のメールフォームに寄せられた相談は、この半月で１００件を超えた。

ネットカフェに寝泊まりをしている人の中には、日払い、週払い等の不安定な仕事に従事しているワーキングプアが多いが、建築土木の現場や飲食店などの仕事はコロナの影響で3月頃から激減しており、緊急事態宣言が出る前から収入減少に苦しんでいる人が多い。

そこに追い打ちをかけるような形で、彼ら彼女らの仮の宿であるネットカフェが閉まってしまったのである。

メール相談という形態をとったのは、電話代が払えず、携帯電話が止まっている人が多いだろう、と考えたからである。予想通り、相談者の多くは電話が使えない状態にあり、フリーWi-Fiのあるファストフード店などに行き、メールでＳＯＳを発信してきていた。所持金が数百円、数十円しかなく、すでに路上生活になっているという人も少なくない。

◆女性の相談が2割を占める

意外だったのは、女性の相談が全体の約2割を占めたことである。その中には、家庭内での虐待やDV等から避難するための場所としてネットカフェを利用している人も少なくない。

東京都の住居喪失者の調査では、女性の占める割合は2・5%と非常に低い数値にとどまっていた。女性の場合は、自分がネットカフェ生活をおくっていることを周りに知られること自体、大きなリスクになるので、行政のアンケートにも本当のことを答えていなかった可能性があるのではないかと、私は推察している。

緊急事態宣言が発令されれば、ネットカフェ生活者の多くが路上生活へと追いやられる、という事態が発生することは予期できていた。

こうした事態を見越し、私たちホームレス支援活動に関わる団体・個人は、4月3日、東京都に対して緊急要望書を提出。住まいを失った生活困窮者に対して、ホテルの借り上げ等、緊急の支援策を実施することを求めていた。

この要望書の内容を踏まえる形で、小池百合子都知事は4月6日の記者会見で、住居喪失者への一時住居の整備を行うと表明。都の補正予算に緊急対策費約12億円を計上したと発表した。

写真1-7　4月3日、東京都への申入れ

◆ホテルに入居できた人は全体の1割強

この発表に私たちは喜んだが、それはぬか喜びに過ぎなかったと後で判明することになる。

東京都はネットカフェの休業により居場所を失った人たちに対して、ビジネスホテルの居室の提供を行っており、4月下旬の時点でビジネスホテルに入居できた人は500人を超えている。

平常時に比べると、短期間に多くの人を支援したと言えなくもないが、これは約4千人のネットカフェ生活者の1割強にしかならない数字である。では、残りの人たちはどこに行ったのだろうか。

その答えは、「路上」と「他地域」と「営業を続けているネットカフェ」である。

三点目から説明すると、実はまだ多くの人たちが営業を続けているネットカフェに滞在している。一部の大手ネットカフェチェーンが、「ウイルス対策は万全」と言いながら営業を続けているからだ。

だが、これらの店舗で感染が広がらない保証はどこにもない。

もし感染が発覚して、チェーン店が一斉に閉まることになれば、それらの店にいた人たちが路上へと追いやられる「第二波」が来るであろう。

◆都の支援策はあったが、路上生活に追いやられた人たちも

最も私が問題視しているのは、都が支援策を講じながら、路上生活に追いやられたり、他地域に流

出したりした人が出たことだ。

つくろい東京ファンドの緊急相談でも、日が経つにつれ、「路上生活になったばかり」、「野宿4日目」という方や、関西や北関東に移動した方からの相談が増えていった。その人数を調べることはできないが、かなりの数にのぼるであろうと推察している。

なぜ、このような事態が生じてしまったのだろうか。

私は、行政機関に「必要としている人に支援を届けようとする意志」が欠如していたことが最大の問題であったと考えている。

東京都は当初、緊急宿泊支援の対象を「都内に6ヶ月以上、滞在している人」に限定していた。居室提供の上限も500室と設定していた。

東京都の窓口では、相談者が「都内に6ヶ月以上、滞在している」ことを証明するため、ネットカフェの領収書や医療機関の診察券、Suicaの履歴等を提示することを求められた。その結果、私たちのところにも「相談に行ったけど、断られた」と言う人が続出した。

このことを私たちが批判すると、都は4月10日より、緊急宿泊支援の対象を拡大し、「都内6ヶ月未満」の人も受け入れると方針転換をした。緊急宿泊支援の枠も500室で終わりにするのではなく、順次、増やすとしている。

ただ、わかりにくいのは、「6ヶ月未満」の人については東京都が設置した窓口ではなく、各区・市の生活保護及び生活困窮者自立支援制度の窓口が支援を担当するとしたことだ。

「6ヶ月以上」の人と「6ヶ月未満」の人を別々の窓口や枠組みで支援をするという、当事者にとっては、非常に使いにくい仕組みを作ってしまったのである。

そのため、相談に行った人の中で、窓口をたらい回しにされる人が続出した。

◆相部屋に誘導される問題も、あまりに不衛生すぎる宿泊施設

また、都内の各区・市に生活保護を申請した人がビジネスホテルではなく、相部屋の民間施設に誘導されるという問題も発生した。

以下は、4月13日に都内のある区で生活保護を申請した男性から私が受け取ったメールの一部である。

「今回あらためて生活保護申請をした際に住居の事も相談してネットカフェ難民などへ支援している都が用意したホテルやマンション、一時宿泊施設に生活保護申請の結果が出るまで宿泊先としてご案内お願いしたいと申し出しました。

そうしたら、○○区の方に宿泊施設が空きあり、すぐ埋まってしまう可能性が高いので、『今日このまま行けるならご案内します』と説明をされたので、『お願いします！　これで当面の宿泊先の不安は解消された』と思って安心していました。

（中略）

宿泊先に到着するや否や、契約書に署名捺印と宿泊所の重要説明事項の説明を受け、今までの安

心が、急に不安でしかなくなってしまいました。

その内容というのも、案内された宿泊先は一時宿泊施設ではなく、無料低額宿泊所という施設で契約書を確認すると初期費用や宿泊費、電気光熱費、共益費、食費（1日2食）もろもろの費用がかかるという事（10万円程）。

それに2人部屋と説明され、電気光熱費などが1人部屋と変わらぬ金額帯や不透明点が多々あります。

また施設には規則があり、外出、外泊は申請が必要や施設の掃除当番がある、食事の時間や入浴、洗濯においても規則時間内で行ってくださいとの事。

挙げ句は、10平米も満たない部屋にベッドが設置されている2人部屋での生活。

施設の全入居者は約15名程、70代以上の方々ばかり。

コロナウイルスの緊急事態宣言にて、感染を拡大させない為に自粛を国民が意識している状況下で、施設内では誰もマスクもしておらず咳き込んでいる方もいらっしゃいます、こういった無料低額宿泊所の入所者でのクラスターが起きてもおかしくありません。

その他、共有部分は風呂、トイレも共同ですし。

宿泊先に着くや否や、このような事を説明され、訳も分からないまま契約書に署名捺印してしまいました。

1日、過ごしてみましたが今すぐにでもここから出たい気持ちでいっぱいです」

このメールを送ってくれた男性については、つくろい東京ファンドのスタッフが福祉事務所に同行して交渉し、ビジネスホテルに移ることができた。なお、この方が入れられた部屋は2人部屋だったが、福祉事務所が紹介をする民間の施設の中には、10人以上の多人数部屋の施設もある。

こうした区・市の対応の背景には、東京都の保護課が4月10日付で各区・市に出した事務連絡があった。

その事務連絡には、生活保護の申請者・利用者には「第一義的に」民間の施設を活用するようにという内容が盛り込まれていたのである。

私たちやさまざまな政党・政治家らが都や国に働きかけた結果、4月17日、厚生労働省は、「新たに居住が不安定な方の居所の提供、紹介等が必要となった場合には、やむを得ない場合を除き個室の利用を促すこと、また、当該者の健康状態等に応じて衛生管理体制が整った居所を案内する等の配慮をお願いしたい」という内容の事務連絡を各自治体に発出した。

東京都の保護課も、厚労省の事務連絡を受けて、方針転換。17日夕方、各区・市に「原則、個室対応」を伝える新たな事務連絡を出した。

これにより、少なくとも新規の相談者については、個室対応とするという原則が確立したのである。多くの方々が声をあげてくださったおかげで、「新型コロナウイルスの感染が拡大する中、相部屋の施設に誘導するのをやめさせる」という当たり前の原則をようやく確立させることができた。

そして、4月22日、都は「6ヶ月以上」の人と「6ヶ月未満」の人を分けて対応するという方針を見直し、「6ヶ月未満」の人も都の窓口で対応すると表明した。

都の緊急宿泊支援をめぐる混乱は、事業開始から2週間が経って、ようやく収まったのである。

だが、この2週間の遅れは、当事者にとっては致命的な意味を持っていた。その間に所持金が尽き、路上生活に追いやられる人が続出したからである。交通費を持っている人の多くは、ネットカフェが休業になっていない地方都市に移動した。

◆緊急宿泊支援に関する広報をほとんど行っていない東京都

東京都の姿勢を象徴することとして、都が現在に至るまで緊急宿泊支援に関する広報をほとんど行っていないという問題もある。SNS等で、当事者に対して相談に行くように呼びかけているのは、私たち民間の支援者と一部の都議会議員・区議会議員だけであり、東京都や小池都知事のSNSアカウントは沈黙したままだ。

当初、「都内6ヶ月以上」という独自のルールにこだわっていたのも、なるべくなら多くの人に相談に来てほしくないという姿勢の現れだろう。

東京都には「必要としている人に支援を届けようとする意志」が欠けているのではないだろうか。私たちの疑念は深まっている。

4月6日の小池都知事の記者会見での発言は、世論向けのパフォーマンスに過ぎなかったと言われたくなければ、今からでも積極的な広報やアウトリーチを行い、路頭に迷っている人たちに手を差し伸べる努力をすべきである。

※追記

４月30日、東京都福祉保健局の公式Twitterアカウントは、「インターネットカフェ等で寝泊まりしながら不安定な就労に従事している方や離職されている方」向けに、TOKYOチャレンジネットでの相談を促す発信を初めて行った。

【2020年5月】生活保護のオンライン申請導入を急げ

「自営業で、収入がなくなり、家賃が払えない」

「2年位派遣で働いたが、契約期間中なのにコロナで仕事を切られた」

「派遣で滋賀県まで行ったが雇い止めにあった。3日後にアパートを退去しろと言われた」

「今春、大学を卒業したが就職できていない。収入がないので生活困窮している」

「この先、どう暮らして行けばよいか不安でいっぱい」


これらの声は、貧困問題に取り組む法律家が中心となり、4月18日（土）と19日（日）に全国各地で実施された「いのちとくらしを守るなんでも相談会」（電話相談会）に寄せられた相談の一部である。

◆急速に拡大する国内の貧困、2日間で5000件の電話相談

2日間で寄せられた相談の件数は計5009件（4月18日3007件、19日2002件）にのぼったが、実行委員会が確認したところ、電話での総アクセス数は延べ約42万件に達していたという。

コロナ危機による経済的影響が長期化し、先行きが不透明な状態が続く中、国内の貧困も急速に拡大している。

生活困窮者支援の現場では、かつてないほど多くの人が貧困に直面するという「もう一つの緊急事態」が広がっているのだ。

国の貧困対策の司令塔である厚生労働省も手をこまねいているわけではない。

2008～09年のリーマンショックとそれに続く「派遣切り」問題を受け、厚労省は「第2のセーフティネット」と総称されるさまざまな支援メニューを整備してきた。

2013年には生活困窮者自立支援法が成立し、2015年度から各自治体の窓口で生活保護になる前の段階で生活困窮者を支援する体制が整備されてきた。

その生活困窮者自立支援制度の中のメニューに、住居確保給付金という民間の賃貸住宅の家賃を補助する仕組みがある。

住居確保給付金は、失業により仕事を失った人がハローワークに登録をして求職活動を行うことを条件に、一定期間、家賃を補助してもらえる制度である。そのため、対象者は「離職後2年以内」の人に限られていた。

だが、今回のコロナ危機では、フリーランスや自営業で働く人たちが収入減少に見舞われている。また、飲食業や観光業などの業種では、失業はしていないものの給与が大幅カットになっている非正規労働者が少なくない。

これらの人たちは、「離職」をしているわけではないので、従来の仕組みのままでは支援を受けられないという問題が発生してしまった。

◆住居確保給付金の制度は改正されたが……

「このままでは、制度を使えない」という声が広がり、厚生労働省は4月20日から、離職はしていなくても収入が減った人も住居確保給付金を使えるように制度改正をした。状況の変化に応じて、制度を柔軟に変更したのである。

しかし、これだけで問題は解決しなかった。失業者の再就職支援策として設計された住居確保給付金には、「ハローワークに登録をして、正社員として雇用されることをめざす」という要件もあったため、この要件を厳格に適用すると、フリーランスや自営業で働いてきた人は、事実上、これまでの自分の仕事を断念することを求められるということになってしまったのである。

そのため、SNS上では収入減少に悩むフリーランスの音楽家らから、「これでは無理ゲーだ」(難易度が高すぎてクリアするのが無理なゲームのようなものだという意味)という声があがっていた。

国は近年、「多様な働き方」を推奨し、従来の雇用関係に基づく就労だけでなく、フリーランスや起業といった新たな働き方を奨励してきたという経緯がある。その一方で、生活に困窮した際に活用できるセーフティネットについては、従来の正社員モデルに基づく働き方を事実上、強制するというのは、矛盾した政策であると私は考えた。

4月16日(木)、反貧困ネットワークが呼びかけ、20以上の団体が集まって結成された「新型コロ

明石書店

「格差・貧困」を考える本

2021.7

価格は定価（税 10%）で表示してあります。

アンダークラス化する若者たち

生活保障をどう立て直すか

宮本みち子、佐藤洋作、宮本太郎 編著

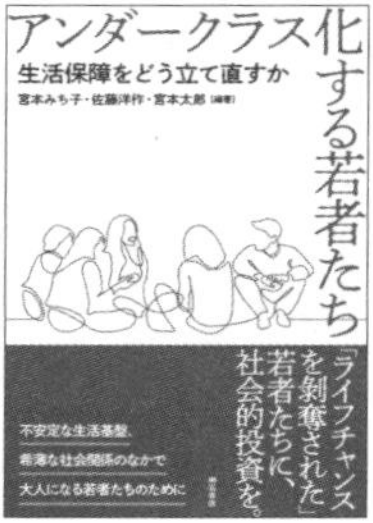

◎2530円

アンダークラスに落ち込む若者たちの実態を明らかにし、若者施策の前提となっている「親頼み」のメカニズムと限界をえぐりだし、アンダークラス化を防止するためにどのような社会編成が必要なのかを明らかにする。

●内容構成

第1章　若者問題とは何か
第2章　若者世界の分断と高校教育の変容——社会的階層移動から社会的格差の再生産へ
第3章　リスクを抱えた若者のキャリア形成支援——10代後半の若者を中心に
第4章　若者施策としての就労支援
第5章　アンダークラスを支える——弱者の技法としての静岡方式
ほか

にほんでいきる

外国からきた子どもたち

毎日新聞取材班 編

◎1760円

外国人労働者の受け入れ拡大のなか、就学状況が不明な子どもが少なくとも1万6000人いることが判明した。文部科学省による全国調査の実施など、行政を動かす原動力にもなった、毎日新聞の連載の待望の書籍化。新聞労連ジャーナリズム大賞優秀賞、新聞協会賞受賞。

●内容構成

第1章　閉ざされた扉——就学不明2・2万人
第2章　学校には来たけれど——無支援状態1・1万人
第3章　「発達障害」と見なされて——特別支援学級の在籍率2倍
第4章　ドロップアウトの先に——不就学・不就労3000人
第5章　見つかった居場所——日本語教育に救われて
第6章　にほんでいきるために

郵便はがき

料金受取人払郵便

神田局
承認

6430

差出有効期間
2022年12月
31日まで

切手を貼らずに
お出し下さい。

101-8796

537

【受　取　人】

東京都千代田区外神田6-9-5

株式会社 **明石書店** 読者通信係 行

お買い上げ、ありがとうございました。
今後の出版物の参考といたしたく、ご記入、ご投函いただければ幸いに存じます。

ふりがな お名前	年齢	性別

ご住所 〒　　-

TEL　(　　)　FAX　(　　)

メールアドレス	ご職業（または学校名）

*図書目録のご希望	*ジャンル別などのご案内（不定期）のご希望
□ある □ない	□ある：ジャンル（　　） □ない

書籍のタイトル

◆本書を何でお知りになりましたか？
□新聞・雑誌の広告…掲載紙誌名[ ]
□書評・紹介記事……掲載紙誌名[ ]
□店頭で □知人のすすめ □弊社からの案内 □弊社ホームページ
□ネット書店 [ ] □その他[ ]

◆本書についてのご意見・ご感想

■定　　価	□安い（満足）	□ほどほど	□高い（不満）
■カバーデザイン	□良い	□ふつう	□悪い・ふさわしくない
■内　　容	□良い	□ふつう	□期待はずれ

■その他お気づきの点、ご質問、ご感想など、ご自由にお書き下さい。

◆本書をお買い上げの書店
[市・区・町・村 書店 店]

◆今後どのような書籍をお望みですか？
今関心をお持ちのテーマ・人・ジャンル、また翻訳希望の本など、何でもお書き下さい。

◆ご購読紙 (1)朝日 (2)読売 (3)毎日 (4)日経 (5)その他[新聞]
◆定期ご購読の雑誌 [ ]

ご協力ありがとうございました。

ご意見などを弊社ホームページなどでご紹介させていただくことがあります。 □諾 □否

◆ご 注 文 書◆ このハガキで弊社刊行物をご注文いただけます。
□ご指定の書店でお受取り……下欄に書店名と所在地域、わかれば電話番号をご記入下さい。
□代金引換郵便にてお受取り…送料+手数料として500円かかります(表記ご住所宛のみ)。

書名	冊
書名	冊

ご指定の書店・支店名	書店の所在地域 都・道　府・県　市・区　町・村
	書店の電話番号 (　　　)

ナ災害緊急アクション」が、貧困対策の強化をめざして、厚生労働省、文部科学省との交渉を行った。

その場で、私は厚生労働省の住居確保給付金の担当者に対して、Twitter上で発せられていたフリーランスの声楽家の声を紹介しながら、住居確保給付金の再改正を求めた。

自営業やフリーランスで誇りをもって働いてきた人たちに対して、正規雇用をめざして求職活動をしろと言うのは、今の仕事をやめろと言っているようなものであり、あまりに酷ではないか、と訴えたのである。

その場における担当者の返答は、「持ち帰って、検討する」というものであったが、後日、厚生労働省は４月30日からハローワークへの登録という要件を当面の間、外すと決定したと発表した。当事者の声が制度改正を促したのである。

写真1-8　４月16日、厚生労働省との交渉

◆厚労省が自治体に手続きの簡素化を求める事務連絡

現在、各自治体の窓口において、住居確保給付金の相談件数が増加している。私も都内の複数の窓口の様子を見たが、「三密」に近い状態になっているところも見受けられる。

そこで、5月7日、厚生労働省は各自治体に対して、住居確保給付金の申請手続きを簡素化することを求める事務連絡を発出した。その中には、「申請書の受付は、郵送等を原則とすること」や、「自治体等において可能な場合には、電子メール等による申請書の送付も認めること」という内容も盛り込まれている。

この事務連絡は、オンライン申請を容認したものと言える。各自治体の体制が整えば、制度を利用したい人は、各自治体のホームページから申請書をダウンロードして、そこに必要事項を記入してメール添付で送付すればよい、ということになり、利便性は格段に向上する。

さらに5月10日、厚生労働省は制度に関する問い合わせを受けるため、「住居確保給付金相談コールセンター」を設置すると発表した。

このように、多くの人が家賃を滞納せざるを得ないという「もう一つの緊急事態」に対して、厚生労働省が住居確保給付金をフル活用しようとしていることは評価できる。

だが、私が疑問に思うのは、「なぜ同じことを生活保護にはできないのか」ということである。

◆生活保護のオンライン申請の早期導入を要望

前述の「いのちとくらしを守るなんでも相談会」の実行委員会は、4月23日（金）、厚生労働省に相談結果を提出するとともに、生活保護制度の拡充等を求める要望書を提出した。

その交渉の場に私も参加し、国が率先して生活保護制度を周知し、オンライン申請についても早急に導入することを求めた。

しかし、担当者から積極的な回答を得ることはできなかった。

ドイツの社会保障制度を研究する法政大学の布川日佐史教授によると、ドイツではコロナ危機による貧困拡大への緊急対策として、「社会的保護パッケージ」法が３月27日に国会で採択され、29日から施行されているという。

ドイツ連邦政府は「コロナ危機対策としての社会的接触の制限による経済的影響が原因で、だれ一人として、最低生活以下に陥ることがあってはならない」として、生活保護（求職者基礎保障、ハルツⅣ）の制度利用を促進している。

この制度を利用できる要件は緩和され、申請書類も簡素化されている。例えば、資産の要件については、多額の資産を持っていないというチェックボックスをチェックし、サインするだけとなっている。

制度の窓口はコロナ対策により閉じているため、申請手続きは電話、郵送、受付ポストへの投函、メールといった手法で実施されている。

また、担当の大臣が動画を使って制度利用を呼びかけるといった周知活動も展開されているそうだ。

写真1-9　４月23日、厚生労働省への要望書提出

◆生活保護の相談を受ける福祉事務所の職員体制は手薄に

では、日本の生活保護制度の現状はどうだろうか。

4月以降、地域差はあるものの、各地の福祉事務所における生活保護の相談件数は増加傾向にある。5月23日のＮＨＫの報道によると、「特定警戒都道府県」に指定されていた13都道府県の主な自治体で4月の生活保護の申請件数が計８４９７件にのぼり、前年の同じ時期と比較して約27％増加していることが判明したという。

このように相談者が増える一方で、相談を受ける福祉事務所の職員体制は逆に手薄になっている。

4月13日に総務省から各自治体に対して「新型コロナウイルス感染症のまん延防止のための出勤者の削減について」という事務連絡が出されており、福祉事務所を含む自治体の職場でもコロナ対策のために出勤者を削減することが求められているからだ。

そのため、都市部の一部の福祉事務所では、窓口に来た人を追い返す「水際作戦」が以前より激しくなってしまっている。

4月10日、私は都内の福祉事務所に相談に行っている女性からの電話を受けた。女性の持っている携帯電話は料金の未納で止まっていたが、福祉の窓口の対応があまりに悪いことに困り果てた女性が、役所の電話を借りて、私に電話をしてきたのである。

彼女は住まいを喪失した状態で、福祉事務所に相談に行っていたが、担当者から「数日前に泊まっていたネットカフェが別の地域だから、そこの区役所に行け」と言われ、追い返されそうになっていた。

その場で担当者に電話に出て替わってもらい、私が電話で交渉をした結果、その区で彼女の受け入れ先を確保することになったが、交渉の途中、担当者は私に対して、「来る人みんなを受けていたら、窓口がパンクします！」と悲鳴に似た声をあげていた。

同様の「水際作戦」は、他の自治体でも報告されている。窓口に出る職員が減らされている中で、相談者が殺到し、福祉事務所が機能しなくなっているのではないかと私は懸念している。「医療崩壊」ならぬ「福祉崩壊」、「相談崩壊」とも言うべき事態が進行しているのだ。

こうした状況を打開するためには、生活保護についてもオンライン申請を導入するしかないと私は考える。

オンライン申請を導入すれば、「水際作戦」だけでなく、相談現場での「三密」状態の発生を防ぐことができる。現状では、「水際作戦」をさせないため、私たち支援者が福祉事務所まで同行をせざるをえない状態になっているが、申請の相談は、３～４時間かかることもあり、申請者、支援者、職員が長時間、顔を突き合わせなければならない状況に追い込まれている。これは三者全員にとって、大きなリスクとなってしまっている。

住居確保給付金だけでは支えきれない生活困窮者を最後の段階で支えるのが、「最後のセーフティネット」である生活保護制度の役割である。

厚生労働省は、住居確保給付金だけでなく、生活保護もフル活用するという方針転換を早急に行うべきである。

人々のいのちとくらしを守るため、厚生労働省の決断を促したい。

第2章

2020年夏

ボブから学んだ5つの人生哲学
BOB
からだの声を聞く
ISSUE
JAPANビッグイシュー日本版
2020年ボブからのメッセージ
ボブとジェームス、東京へ行く
ISSUE
JAPANビッグイシュー日本版
ISSUE
Thank you Bob !

【2020年6月】世界中の路上生活者を支えた猫の死
——「反貧困犬猫部」と「ボブハウス」

6月15日、世界で最も有名な猫がロンドンで亡くなった。その死は、BBCやCNN等、世界各国のニュースで報じられた。

猫の名は、ボブ。飼い主で作家のジェイムズ・ボウエンさんによると、ボブは「少なくとも14歳」だったという。

ボブが有名になったのは、2012年、ボウエンさんの自身の経験を綴った著書『ボブという名のストリート・キャット』がベストセラーになったのがきっかけだった。

2016年には、『ボブという名の猫』として映画化され、ボブ自身も映画に出演した。

◆「毎朝起き上がる理由」を与えてくれた猫

薬物依存症に苦しみ、20代で路上生活をおくっていたボウエンさんが茶トラの野良猫と出会ったのは、2007年。

「ボブ」と名づけられた猫は、ボウエンさんに「毎朝起き上がる理由」を与えてくれたという。

路上生活者の仕事をつくる雑誌『ビッグイシュー』を販売したり、路上でギターの弾き語りをしたりして生計を立てていたボウエンさんは、どこにでもボブを連れて行くようになった。

やがて、ボブがボウエンさんとハイタッチをする姿が話題になり、取材が殺到。ボブとボウエンさんのコンビは人気者になっていった。

ボウエンさんはフェイスブックで、ボブが薬物依存症からの回復を助けてくれたと感謝している。

「ボブは相棒でいてくれた以上に、はるかにたくさんのものを僕にくれた。ボブがそばにいてくれたおかげで、自分が見失っていた方向性や目的を再発見できた」

「ボブは本当に大勢の人に会って、何百万人もの人と心を通わせた。ボブみたいな猫は今までいなかったし、これからもいないでしょう。人生の光が消えたような気持ちです。ボブのことは決して忘れません」

◆ボブが支えた世界中の路上生活者

ボブが支えた路上生活者は、ボウエンさんだけではない。

ボブは、『ビッグイシュー日本版』を含む各国の『ビッグイシュー』の表紙を何度も飾った。ボブが表紙に登場する号は、ハリウッドの有名俳優が表紙に出る号に負けず劣らず、売れ行きが良いことで知られていた。

結果的にボブは、世界各国で『ビッグイシュー』を販売する路上生活者の生計を支えていたのである。

『ビッグイシュー日本版』でもボブが表紙に載る号（通称、『ボブ号』）は人気で、過去に4度、表紙を飾っている。

4号のうち、2回目以降は12月~1月に発行されているが、そこには『ボブ号』で販売者の収入を増やして、冬の寒い時期、路上ではない場所で過ごしてもらいたいという編集部の意図があったのではないかと私は推察している。

『ビッグイシュー日本版』は6月17日、Twitterの公式アカウントで、『ボブ号』を並べた写真とともに、以下のようにボブへの感謝の言葉を発信した。

「ビッグイシューの販売者を支えてくれたストリート・キャット『ボブ』が、6月15日に天国へ向かいました。英国の販売者James Bowenさんがボブとの経験を記した著書・映画は世界中で人気を博し、ボブは一躍ビッグイシューの立役者に。日本にも来てくれてありがとう。これからも、ボブは私たちの心にいます」

余談だが、今年の1月、ビッグイシュー販売者とともに行った書き初め大会で、私は「ボブ、偉大」という文字を書いた。

私は過去26年間、ホームレスの人たちを支援する活動に取り組んできたが、冗談ではなく、自分が

写真2-1　ボブが表紙を飾った『ビッグイシュー日本版』提供：有限会社ビッグイシュー日本

行ってきたことはボブの足元にも及ばないな、と常々感じていたからである。

同時に私が気になるのは、もし路上生活の青年と野良猫が出会ったのが日本だったら、このようなストーリーが成り立っただろうか、という点である。

詳しくは映画『ボブという名の猫』をご覧いただきたいが、ボウエンさんがボブと一緒に暮らすことができたのは、彼が「ハウジングファースト」型のホームレス支援策を利用できたからである。「ハウジングファースト」とは、住まいを失った生活困窮者に無条件で住宅を提供する支援の手法で、これにより当初、薬物依存から抜け切れていなかったボウエンさんも、ボブと共に暮らせる住まいを手に入れることができた。

もし彼が東京で路上生活をしていたら、猫と一緒に暮らすことはできなかったであろう、と私は思う。

東京では「ハウジングファースト」ではなく、「施設ファースト」型の支援がほとんどなので、行政の窓口で相談をした際に、猫と暮らすことはあきらめてくださいと説得されるからだ。

また、彼が私たちのような「ハウジングファースト」型の支援を実践しているＮＰＯと出会えたとしても、ロンドンとは違い、東京ではペット可の賃貸住宅が少ないので、私たちとしても対応に苦慮してしまっていただろう。

実は今、このことが私たちの前に大きな課題となって、立ちはだかっている。

コロナ禍の影響で、犬や猫といったペットとともに住まいを失う人が増えつつあるからだ。

この3月、コロナ禍による貧困拡大を踏まえ、首都圏の30以上の団体が集まり、「新型コロナ災害緊急アクション」というネットワークが結成された。

私が代表を務めている「つくろい東京ファンド」も、この「緊急アクション」の活動に参加して、主に住まいを失った生活困窮者への緊急支援に取り組んでいる。

今回の経済危機の特徴として、これまで生活に困窮したことのない「中所得者」以上の層の人がコロナの影響で収入が激減し、家賃を滞納したり、住居を喪失したりするという事態が生じているという問題がある。その中には、家族同然に一緒に暮らしてきた犬や猫とともに生活に困窮している人も少なくない。

◆「反貧困犬猫部」を結成、ペット連れで路頭に迷う人を支援

5月27日の夕方、「緊急アクション」の事務局長を務める瀬戸大作さんに高齢の女性からSOSが届いた。

「所持金がなく、住むところも、家賃未払いで追い出されて。飼ってる18歳の高齢小型犬がいるため、ホテルもネカフェも泊まれません。仕事も細々とやってはいるのですが、お金が受け取れるのが、来月半ば以降で困ってます。私も犬も、昨日から食べてません。犬でも食べられる食料頂けたら、助かります」

瀬戸さんが、愛犬から拝借したペットフードを持って駆けつけると、高齢の小型犬を抱えた女性がいた。４月中旬から野宿生活になっているという。

当面の宿泊費と生活費を渡し、作家の雨宮処凛さんも協力して、ペットとともに宿泊できるホテルに宿泊してもらうことになったが、ホテルからは高額の宿泊費を請求されてしまったという。また、その後、犬の体調が悪化したため、治療代もかかってしまった。

今後も同様のケースが出てくることが予想されたため、雨宮処凛さんの呼びかけで、ペットを連れて路頭に迷う人を支援するため、「反貧困犬猫部」が結成された。私も「部員」の一員に加えてもらっている。

「反貧困犬猫部」では、フード代や宿泊費、病院代等に活用する寄付金を募集している。ぜひご協力をお願いしたい。

「反貧困犬猫部」ができたことによって、ペットと共に住まいを失った人への金銭面の支援を充実させることが可能になった。

しかし、一番の課題は宿泊場所である。

小さな命を守るため
お力をお貸しください

反-貧困
ANTI-POVERTY CAMPAIGN

「反貧困犬猫部」を立ち上げます

ペットとともに路頭に迷うケースが急増！

コロナ経済危機により、多くの人が失業したり住まいを失っています。「新型コロナ災害緊急アクション」にも、「犬とともにアパートを追い出された」という女性が相談メールをくれました。

私たちは住まいのない方には緊急宿泊費を渡し、後日、公的な制度などにつなげるなどの支援をしていますが、犬がいるとビジネスホテルやネットカフェには宿泊できません。その日は野宿となりましたが、その翌日から、様々な方の協力で女性と犬が安心して宿泊できる場所を確保できました。一方、彼女は生活保護の相談に行った際、「犬を処分しろ」と言われたそうですが、生活保護はペットがいても利用することができます。

ですが、一度ペットとともに住まいを失ってしまうと、アパート生活に戻るまで様々な困難がたちはだかるのも事実です。また、女性とともに住まいを失った犬は、滞在場所が決まってから体調を崩し、継続的な治療が必要な病気であることが判明しました。

ペットを連れて住まいを失った人からの相談はこの女性からだけでなく、他にも来ています。コロナによる経済停滞が続く中では、これからも増えることが予想されます。このような事情から、私たちは「反貧困犬猫部」を立ち上げ、寄付金を集めることにしました。

フード代や宿泊費、病院代など、飼い主とともに住まいを失った犬や猫などのペットを支援する取り組みです。ありがたいことに、活動に理解を示してくださる動物病院にも出会えました。

コロナ禍で、困っているのは人間だけではありません。小さな命を守るため、ぜひ、お力をお貸しください。

（反貧困ネットワーク世話人　作家・活動家　雨宮処凛）

■反貧困犬猫部・部員：雨宮処凛・稲葉剛・瀬戸大作

小さなワンコを抱きしめる女性が待っていた（活動日誌より）

５月27日の夕方、ＳＯＳが届いた。「所持金がなく、住むところも、家賃未払いで追い出されて、飼ってる18歳の高齢小型犬がいるため、ホテルもネカフェも泊まれません。仕事も細々とやってはいるのですが、お金が受け取れるのが、来月半ば以降で困ってます。私も犬も、昨日から食べてません。犬でも食べられる食料頂けたら、助かります」。

我が家の愛犬バンビの顔を見たら「悩んでいないで早く助けにいけよ！」と言っているようだ。バンビから半生ペットフード10日分を支援頂き、都内某所に駆けつけた。到着したのは22時過ぎだった。小さなワンコを抱きしめていた女性が待っていた。家を失い飼い主と一緒に必死に生きてきた。４月中旬から野宿生活。でも暑くなり高齢犬には辛い。引き離す訳にいかない。原発事故で避難指示がだされた時に多くのイヌネコが残された。福島に向かい残されたイヌネコたちにご飯を配りにいった時、帰る時の寂しく哀しみに溢れた表情を忘れない。18歳のワンコのいのち、飼い主さんと抱きしめあいながら、静かに穏やかに過ごしてほしいのです。

（反貧困ネットワーク　事務局長　瀬戸大作）

【寄付金・振り込み先】

▶郵便振替／口座番号：00170-5-594755／加入者名：反貧困ネットワーク

＊通信欄に「イヌネコ」と記入ください。銀行の場合はその旨メールしてください。

▶銀行振込（※ゆうちょ銀行以外の金融機関からのお振り込み）

銀行名：ゆうちょ銀行／金融機関コード：9900／店番：019／店名：〇一九店（ゼロイチキュウ店）

預金種目：当座／口座番号：0594755／受取人名：ハンヒンコンネットワーク

問合せ　反貧困ネットワーク　メールアドレス：office@antipoverty-network.org

集会担当　瀬戸大作（反貧困ネットワーク事務局長）　Tel 090-1437-3502　setodaisaku7@gmail.com

写真2-2　「反貧困犬猫部」が結成された

◆ペット可シェルター「ボブハウス」開設へ

先ほどの女性は、「つくろい東京ファンド」が期間限定で借り上げているシェアハウスの中に、一軒だけペットOKのところがあったので、そこに移ってもらうことになったが、恒久的に活用できる「ペット可シェルター」を整備する必要があると私は考えるようになった。

「つくろい東京ファンド」では、コロナ禍以前から民間の空き家・空き室を借り上げた個室シェルターや支援住宅の整備に努めてきた。3月初旬の時点では都内で25室を借り上げていたが、コロナ禍により住まいを失う人が急増しかねない事態を受けて、この3ヶ月間で新たに19室を借り上げた。

しかし、都内でペット可の賃貸物件を借りるのは、費用がかかり過ぎるため、手を出せないできた経緯がある。

ボブの訃報が流れた翌日、私は都内でペット可シェルターをつくることを決意した。

多くの路上生活者を支えてきたボブを追悼する行為として、それが最もふさわしいと感じたからである。

読者の中には、住まいを失った人が「犬や猫と一緒に暮らしたい」と言うのを「ぜいたくだ」と感じられる方もいるかもしれない。

だが、いろんなものを失う経験をしたからこそ、絶対に失いたくない存在があるのではないだろうか。

私自身、つれあいと保護猫2匹の「4人（2人と2匹）家族」で暮らしているので、そう感じるのかもしれないが、ぜひご理解いただければと願っている。

物件探しはこれからだが、ペット可シェルターの名前は「ボブハウス」とするつもりだ。ぜひ応援をお願いしたい。

※追記

「つくろい東京ファンド」はペット可物件のワンルーム2室を借り上げて、7月末に「ボブハウス」を開設した。2021年春時点で、「ボブハウス」は4室まで増設されており、愛犬や愛猫とともに住まいを失った人たちに利用していただいている。

【２０２０年７月】「感情」や「通念」で切り崩される人権保障

――名古屋地裁で出された２つの判決を批判する

７月17日、厚生労働省は「国民生活基礎調査（２０１９年調査）」の概況を発表し、２０１８年時点の相対的貧困率は15・４％、17歳以下の子どもの貧困率は13・５％であることが明らかになった。

３年前の前回調査では、相対的貧困率が15・７％、子どもの貧困率が13・９％であったから、微減ではあるが、ほぼ横ばいと言ってよい数字である。日本国内の貧困問題は依然として深刻なレベルにあると言えよう。

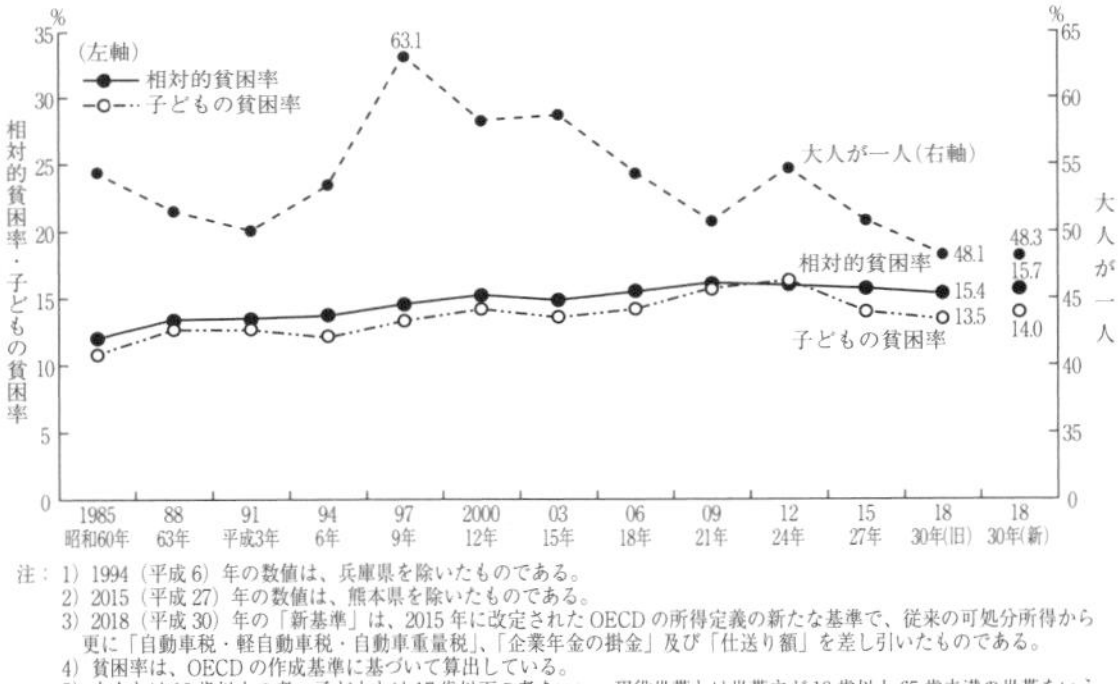

注：1）1994（平成6）年の数値は、兵庫県を除いたものである。
2）2015（平成27）年の数値は、熊本県を除いたものである。
3）2018（平成30）年の「新基準」は、2015年に改定されたOECDの所得定義の新たな基準で、従来の可処分所得から更に「自動車税・軽自動車税・自動車重量税」、「企業年金の掛金」及び「仕送り額」を差し引いたものである。
4）貧困率は、OECDの作成基準に基づいて算出している。
5）大人とは18歳以上の者、子どもとは17歳以下の者をいい、現役世帯とは世帯主が18歳以上65歳未満の世帯をいう。
6）等価可処分所得金額不詳の世帯員は除く。

図2-1　貧困率の推移（2019年国民生活基礎調査の概況より）

◆６人に１人が月手取り10万円以下の生活

相対的貧困率は、一人あたりの可処分所得の中央値の50％を「貧困線」と定義した上で、「貧困線」以下で生活をしている人の割合を示した指標である。２０１８年時点の「貧困線」は１２７万円だったので、大雑把に言えば、全人口の６人に１人が、月に10万円以下の手取りしかない生活をおくっていることになる。

今年の春以降は、コロナ禍の影響で家計がひっ迫している人が増えているので、今、調査が行われれば、さらに厳しい数字が出てくることであろう。

生活に困窮した人にとって、最後の頼みの綱は生活保護制度である。

この生活保護制度をめぐって、６月15日の参議院決算委員会で非常に興味深い質疑応答が行われた。

◆一部の政治家が生活保護バッシングを主導

田村智子議員（日本共産党）が、各地の福祉事務所において相談に来た人を追い返す「水際作戦」が依然として行われているという問題に触れた上で、こうした対応の背景に「生活保護は権利である」という認識を国や自治体が培ってこなかったという問題があると指摘。過去に一部の政党や政治家が「バッシングとも言える生活保護への敵意、侮辱」を煽ってきたことが、生活困窮に陥っても保護申請をためらわせる「重たい足かせ」になっていると批判したのである。

その上で、田村議員は安倍首相（当時）に対して、「生活保護はあなたの権利です」と呼びかけていただきたいと迫ったのだ。

安倍首相は、この呼びかけに応える前に、「『一部の政党が生活保護に対して攻撃的な言辞を弄している』という趣旨の話をされたんですが、もちろん、それは自民党ではないという事は、確認しておきたい」と答弁。

田村議員は、先ほどはあえて名前を出さなかったが、民主党政権時に生活保護の利用者が増加した際にバッシングを主導していたのは、自民党議員であると反論した上で、あらためて制度利用の呼びかけをしてほしいと要請。

これに対して、安倍首相は「文化的な生活をおくる権利があるので、ためらわずに（生活保護を）申請してほしい。われわれもさまざまな機関を活用して国民に働きかけていきたい」と、珍しく明瞭な答弁を行った。

総理がこのように答弁した以上、政府は早急に生活保護の利用を呼びかける広報を実施すべきである。厚生労働省はテレビやネットで動画を活用した発信をしてほしいと私は願っている。

安倍首相は自民党議員が生活保護へのバッシングに手を染めたことは否定したが、2012年に芸能人の親族が生活保護を利用していたことがきっかけとなって、バッシングが巻き起こった際、バッシングの中心にいたのは、片山さつき参議院議員を中心とする自民党の国会議員であったことは明白な事実である。当時、片山議員は「生活保護を受けることを恥と思わないことが問題」と繰り返し発言し、生活保護の制度と利用者へのマイナスイメージを広げることに成功した。

そして、2012年12月、自党の議員が主導した生活保護バッシングに乗っかる形で、「生活保護の給付水準1割カット」を政権公約で掲げた自民党が衆議院総選挙で大勝。政権復帰した直後の2013年1月、第二次安倍政権は過去最大の生活保護基準の引き下げを強行したのである。

◆全国各地で生活保護基準引き下げの違憲性を問う裁判

2013年から実施された生活保護基準引き下げについては、全国29都道府県の地方裁判所で、引き下げの違憲性を問う「いのちのとりで裁判」が争われている。各地で原告となっている生活保護利用者は、計1000人を超えている。

その「いのちのとりで裁判」の全国初となる判決が、6月25日、名古屋地裁で言い渡された。結果は原告の全面敗訴であった。

田村議員と安倍首相の国会でのやりとりが行われた10日後に言い渡されたこの判決の影の主役は、自民党であった。

写真2-3　6月29日開催、名古屋地裁判決への抗議集会　提供：いのちのとりで裁判全国アクション

◆注目された、政治的理由による引き下げ

「いのちのとりで裁判」の争点は数多くあるが、私が最も注目していたのは、本来、科学的なデータに基づき、専門家の知見に基づいて決定されなければならない生活保護基準が、政治的な理由により強引に引き下げられたという点であった。

現行の生活保護法が制定されたのは1950年であるが、その制定に深く関与した小山進次郎（当時の厚生省保護課長）は、生活保護制度の趣旨について解説した著作（『改訂増補　生活保護法の解釋と運用』）の中で、「保護の基準は飽く迄合理的な基礎資料によって算定さるべく、その決定に当り政治的色彩の混入することは厳に避けられるべき」と記していた。

ところが、2013年の生活保護基準の見直しにあたっては、厚生労働省内に設置された専門家の審議会である生活保護基準部会の報告書には書かれていなかった「デフレ調整」論（2008年から2011年までの物価下落を踏まえて基準を調整すること）を根拠に、厚労省の事務方が引き下げを決めていた。

この点について、2019年10月、原告側の証人として出廷した岩田正美・日本女子大学名誉教授（引き下げ当時の厚生労働省・生活保護基準部会の部会長代理）は、「（デフレ調整は部会として）議論もしていないわけだから、容認などはしていない」と証言した。

この証言により、引き下げが専門家の知見を踏まえていないことが白日の下にさらされることになったのである。

◆判決は、基準見直しが専門家の意見を踏まえていないことを容認

しかし、名古屋地裁の角谷昌毅裁判長は、この岩田証言を事実として認定したものの、「保護基準を改定するに当たって社会保障審議会等の専門家の検討を経ることを義務付ける法令上の根拠は見当たらない」ないため、「専門家の検討を経ていないことをもって直ちに生活扶助基準の改定における厚生労働大臣の裁量権が制約されるということはできない」として、基準見直しが専門家の意見を踏まえていないことを容認した。

さらに角谷裁判長は判決の中で、「生活保護費の削減などを内容とする自民党の政策は、国民感情や国の財政事情を踏まえたものであって、厚生労働大臣が、生活扶助基準を改定するに当たり、これらの事情を考慮することができる」という自説を披露した。

自民党の政策が引き下げに影響を与えていたことは、明白な事実であるが、裁判の過程で国側はそのことを認めていなかった。小山進次郎の言う「政治的色彩の混入」により、引き下げが実施されたことを認めると、国側に不利に働くと考えたからであろう。

常識的に考えると、裁判所が「政治的色彩の混入」を事実として認定した場合、あくまで科学的データに基づき、基準を改定しただけであるという国側の主張は崩れ、原告に有利な判決が導き出されることになる。

しかし、それでも国を勝たせるために、角谷裁判長が持ち出したのが「国民感情」というマジック

ワードだ。

角谷説によると、生活保護基準を引き下げるという自民党の政策は国民感情に支えられたものであるから、厚生労働大臣が基準改定にあたって、自民党の政策の影響を受けても問題がないということになる。

生活保護法は、厚生労働大臣が基準を定めることができるという規定（8条1項）があるが、8条2項には「前項の基準は、要保護者の年齢別、性別、世帯構成別、所在地域別その他保護の種類に応じて必要な事情を考慮した最低限度の生活の需要を満たすに十分なものであつて、且つ、これをこえないものでなければならない」と書かれており、9条には「保護は、要保護者の年齢別、性別、健康状態等その個人又は世帯の実際の必要の相違を考慮して、有効且つ適切に行うものとする」と書かれている。当然のことだが、「国民感情」という言葉は条文に出てこない。

この判決が出た当日、名古屋だけでなく、東京の厚生労働省の記者クラブでも判決に抗議するための記者会見が開かれ、私も参加した。

私は会見の席上、2013年の生活保護基準引き下げの前年に、自民党議員による生活保護バッシングがあったことに触れた上で、政治家が意図的にバッシングを主導して、国民感情を悪化させ、悪化させた国民感情を根拠に生活保護基準引き下げをするというのは、「マッチポンプ」であり、こうした政治手法を司法が追認するのは悪しき前例になりかねないと、判決を批判した。

◆「社会通念」という言葉を用いて、行政の決定を追認

判決の後で知ったことだが、名古屋地裁の角谷裁判長は「いのちのとりで裁判」判決の3週間前に、「社会通念」という言葉を用いた判決も言い渡している。

2014年に名古屋市で男性が殺害された事件をめぐり、20年間、同性パートナーとして一緒に暮らしていた内山靖英さんが愛知県に犯罪被害者給付金の支給を申請した。この給付金は内縁関係でも支給されるものだが、2017年に愛知県公安委員会は不支給の裁定を下した。

2018年、内山さんは給付金を不支給とした愛知県公安委員会の裁定取り消しを求める訴訟を名古屋地裁に起こし、その判決が2020年6月4日に言い渡されたのだ。

角谷昌毅裁判長は、「給付金支給に関する法律は、保護の範囲を『社会通念』によって決定するのが合理的」とした上で、不支給の決定が行われた当時は「同性パートナーとの共同生活の関係を婚姻関係と同じだとみなす『社会通念』の形成はされていない」として、内山さんの訴えを退けたのである。

2つの裁判は性格の異なるものであるが、司法が行政による決定を「国民感情」や「社会通念」というマジックワードによって追認したという点は共通している。

2018年には自民党の杉田水脈衆議院議員が、同性カップルを念頭に「生産性がない」という差別発言を月刊誌に寄稿したことが問題になったが、角谷裁判長の論理によれば、同性パートナーシッ

プの問題でも、一部の政治家が「社会通念」にマイナスの影響を与えるために人権侵害発言を繰り返し、それが行政の決定を左右したとしても、その決定は「社会通念」に基づくものだから、法律上、問題はない、ということになってしまう。

本来、憲法や法律に則って判断を下さなければならない裁判所が、「国民感情」や「社会通念」という言葉を隠れ蓑にして行政の決定を追認するのは、司法の責任放棄ではないだろうか。

「いのちのとりで裁判」名古屋訴訟の原告は、7月7日、名古屋地裁判決を不服として、控訴し、舞台は名古屋高裁に移されることになった。

犯罪被害者給付金の不支給をめぐる裁判も、6月16日、原告の内山さんが名古屋高裁に控訴した。控訴審では、裁判所が行政や政治におもねることなく、司法としての責任を果たしてくれることを願ってやまない。

※追記

「いのちのとりで裁判」は全国29都道府県で続けられている。２０２１年2月には大阪地裁において、保護費の減額処分の取消しを命じる歴史的な勝訴判決が言い渡された。同年3月の札幌地裁判決、5月の福岡地裁判決では原告が敗訴した。大阪、札幌、福岡のいずれの訴訟も控訴審に進むことが決まっている。

【2020年8月】貧困拡大の第二波と制度から排除される人々

8月19日、衆議院第一議員会館で「新型コロナ災害緊急アクション第2次活動報告会・緊急政府交渉」が開催された。新型コロナ災害緊急アクション（以下、緊急アクション）は、生活困窮者支援に関わる全国の32団体が集まったネットワークである。

この6月、緊急アクションは、コロナ禍の影響で生活に困窮している人たちからの相談を受け付け、緊急支援を行うためのメールフォームを開設した。私が代表を務める一般社団法人つくろい東京ファンドでは、それまで独自のメール相談を実施していたが、6月以降は緊急アクションの相談チームに加えていただいて、一緒に活動を行っている。

緊急アクションのメールフォームには、関東を中心に全国

写真2-4　8月19日の活動報告会　提供：新型コロナ災害緊急アクション

の生活に困窮している方々からの深刻な相談が寄せられている。

私が気になっているのは、7月下旬以降、コロナの感染者数が再び増加するのと歩を合わせるかのように、生活に困窮している人からのSOSが増えつつあることだ。

感染の再拡大を受け、東京都は7月30日、都内の酒類を提供する飲食店やカラオケ店に対して、営業時間の短縮を要請した。また、コロナ禍の長期化に伴い、飲食業を中心に廃業や倒産に追い込まれる企業も増えてきている。

そのため、これらの店舗で働いていた労働者から、仕事がなくなって生活に困っているという相談が寄せられるようになっている。

中には、緊急事態宣言中に、いったん東京都が提供したビジネスホテルに宿泊していたが、その後、店舗が再開したので住み込みの仕事に戻っていた、という人もいた。私たち民間の支援団体に相談をするのも、二度目という人も少なくない。

生活困窮者支援の現場では、4月から5月にかけて緊急の相談が殺到し、「野戦病院」のような状況があった。それを貧困拡大の「第一波」と呼ぶのであれば、今まさに「第二波」が押し寄せてきているのだ。

貧困の再拡大という事態が進行する中、最も深刻な状況に置かれているのは公的な支援策からこぼれ落ちている人たちである。

◆給付金の対象から実質的に除外されている外国人と路上生活者

8月19日の院内集会と各省庁への交渉では、特別定額給付金の支給対象から実質的に除外されている外国人と路上生活者の問題が焦点となっていた。

特別定額給付金は、コロナ禍の影響を受ける全ての人を支える制度であり、総務省の案内チラシにも「日本にお住いの、すべての方へ。ひとりひとりのくらしのために。」と書かれている。

しかし、実際の運用では、基準日である4月27日時点で住民基本台帳に記録されている人に支給するという方法を採用しているため、住民登録のない外国人や住民票が消除されている路上生活者が受け取れないという問題が生じている。

例えば、外国人の場合、難民認定の申請をして8ヶ月未満の方や、いったん入管の収容施設に収容された後に仮放免になった方などは、住民基本台帳に記録されないことになっている。

集会と省庁交渉には、ベトナム人の元技能実習生を中心に多くの外国人も参加し、政府関係者や国会議員に、日本に暮らす外国人が直面している窮状を訴えた。

そのうちのお一人、イラン人のべヘザードさん（42歳）は、2006年、宗教的・政治的理由から母国を出国し、単身で来日して、難民認定を申請中である。彼は4年半、入管の収容所に収容された後、7月から仮放免されているが、仮放免中の状況について、「社会的な権利がない状態です。仕事ができない（就労が認められていない）ので、家の家賃も払えない。現在、物件を探しているが、自分の名義で契約ができない。健康保険にも入れないので、病気を我慢して、医者に行かない人も多い」と説明していた。

その上でベヘザードさんは、「コロナは感染者を国籍で選ばない。国籍を問わず、人間として同じ対応にしてもらいたい」と政府関係者に訴えていた。

また、ベトナム人の男性は、「私たち外国人、非常にたくさんの人数が日本で苦しい思いをしています。飛行機が出ないために帰国できない一方で、仕事がなく、住むところもない状況です。就労の許可がない人は、帰るお金や生活費を稼ぐこともできない状況です」と訴え、最近、さまざまなNPOからの寄付で助かっているが、政府には「当面の住むところと仕事、自分で生活手段を確保して、帰りの飛行機代を稼ぐ手段を認めてほしいと願っています」と話していた。

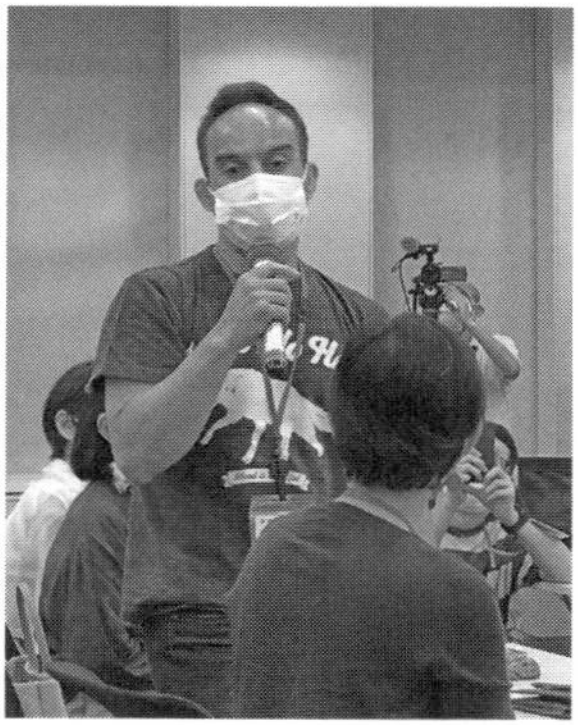

写真2-5　ベヘザードさん

◆生活困窮の外国人は公的支援策を使えない状況に

緊急アクションの事務局を務めている反貧困ネットワークでは、民間の寄付をもとに「反貧困緊急ささえあい基金」を創設して、生活に困窮した人々への現金給付を行っている。同基金にはすでに約8000万円の寄付が集まっており、8月8日時点で、計698件、金額にして計2201万4580円の給付が行われた。

実はこのうち、543件、1812万5000円は、外国人支援団体の全国的なネットワークである「移住者と連帯するネットワーク（移住連）」と連携して実施している給付である。

生活に困窮している外国人の多くは、生活保護などの公的な支援策を使えない状況にあるため、民間の支援に頼らざるをえない状況にあるのだ。

こうした現状について、反貧困ネットワーク事務局長の瀬戸大作さんは集会の場で、外国人が差別を受けている現状を変えるためには、政治を変える必要があると強調していた。

「支え合っているだけでは変わりません。多くの人たちが明日も生きていくことができるために、当面は支え合いながら、早く政治を変えていきたい」と瀬戸さんは呼びかけていた。

◆給付金支給対象の限定に批判が集中

省庁に対する交渉では、総務省が特別定額給付金の支給対象を住民基本台帳に記載されている人のみに限定していることに批判が集中した。

「移住連」貧困対策PTのメンバーで、上智大学教授の稲葉奈々子さんは、「住民登録自体は、給付するための手段であって、目的ではないはず。住民登録が日本にいる全ての人々に給付するための手段だとしたら、なぜ他の手段を使って、『全ての人に給付する』という目的を達成するための方策をとっていただけないのか」と発言。総務省の担当者に対応を迫ったが、担当者は「仕組みの簡素化や二重給付の防止のため、住民基本台帳のデータを基にしている」という従来の答弁を繰り返すだけだった。

だが、仮放免中の外国人の場合は、法務省の入局管理局が本人確認をしているので、二重給付は防げるはずである。この点についても、「移住連」の他のメンバーから指摘があったが、総務省は頑なな態度を崩さなかった。

同じ問題は、路上生活者の支援に関わる各団体からも指摘されていた。

日本国籍のある路上生活者の場合、住民登録がなくても、戸籍の付票を活用することで本人確認を行うことは可能であり、ホームレス支援団体の中には、その具体的な方法を提言しているところもある。

この日の交渉でも、すぐに制度の運用改善ができないのであれば、当面、給付金の申請期限を延長してほしいという要望が出されたが、総務省の回答は否定的であった。

多くの地方自治体では、8月末までに給付金の申請が締め切られようとしている。

感染症は人を選ばない。感染症対策が一部の人を締め出したまま、進められるのを、私たちは容認するのだろうか。

※新型コロナ災害緊急アクションの政府に対する要請項目（抜粋）

・外国人政策関連

1．日本にいながらも住民登録の対象外となっている人たちに特別定額給付金を支給してください。

2．コロナ禍による生活困窮は国籍や在留資格に関係ありません。生活に困窮するすべての留学生およぴ朝鮮大学生に対して、学生支援緊急給付金を支給してください。

3．生活に困窮するすべての外国人に生活保護の適用とすべての医療機関で、無料あるいは低額で診察・治療ができるように公的支援をしてください。

4．仮放免者や短期在留者にも、公営住宅の目的外使用制度を適用してください。

5．帰国困難者への支援を行い、民間シェルター等への財政援助をしてください。

・住まい・生活保護関連

1．コロナ禍で仕事と住まいを失い、生活保護申請をした生活困窮者に対して、福祉事務所が無料低額宿泊所（無低）への入所を事実上、強要するケースが頻発しています。生活保護法に定める居宅保護の原則を徹底することを求めます。

2．厚生労働省は、3月10日付事務連絡で「速やかな保護決定」を各自治体に促していますが、現場の対応には差が出ています。「速やかな保護決定」が徹底されることを求めます。

3．住居確保給付金制度を普遍的な家賃補助制度へと拡充することを求めます。

・特別定額給付金と医療政策関連

1．特別定額給付金の給付要件から住民登録を外してください。

2．特別定額給付金に関して、各自治体にワンストップ相談窓口を作るように働きかけてください。困難を抱える方が給付を受けられるように施策してください。

3．10万円特別定額給付金の申請期限を延長してください。

4．命を守るために、コロナ対策に「医療弱者」の声を取り入れてください。

インタビュー
――居住支援の活動から

聞き手：『貧困研究』編集委員会

筆者らによる支援活動への関心・共感は、貧困問題にかかわる研究者の間でも高いものがあり、本書が対象とする期間の半ばの時期にあたる２０２０年９月には、貧困問題研究専門誌『貧困研究』25号において、編集委員会によるインタビューが行われました。以下にその内容を再掲します。

１　活動の来歴

――それでは、自己紹介も含めて、稲葉さんが携わっている活動について教えてください。

稲葉：　稲葉剛です。私は１９９４年から東京の新宿で路上生活者の支援活動に関わり、その後、２００１年に〝自立生活サポートセンター・もやい〟を立ち上げて、２０１４年まで理事長を務めていました。理事長を退任したタイミングで、一般社団法人〝つくろい東京ファンド〟を立ち上げました。

もともと私は「住まいの貧困」にこだわっていて、住宅支援をしたいと思っていました。しかし、アパートを借り上げてシェルターにして……というような活動は、地方都市では盛んに行われていますが、東京は住宅費が高いということもあって、手を出していませんでした。そんななかで、たまたま、中野区の沼袋にビルを持っているオーナーさんから「3階フロアがまるごと空いてしまったので、困っている人のために使ってほしい」と提案をいただきまして、クラウドファンディングで資金を集め、そのフロアを改装し、7部屋だけの小さな個室シェルター〝つくろいハウス〟を開設しました。その〝つくろいハウス〟の運営主体として新たに一般社団法人〝つくろい東京ファンド〟を立ち上げ、その後、他の地域でも空き家・空き室を活用した個室シェルター事業を行ってきました。

〝つくろい東京ファンド〟は、2016年から〝ハウジングファースト東京プロジェクト〟というコンソーシアムにも参加しています。同プロジェクトでは、NPO法人〝TENOHASI〟や〝世界の医療団〟、精神科医の森川すいめいさんが立ち上げた〝ゆうりんクリニック〟など7団体の共同で、ハウジングファースト型のホームレス支援事業を展開しています。

2009年からは、長年、住宅運動に関わっていた方々と立ち上げた〝住まいの貧困に取り組むネットワーク〟でも活動を続けています。こちらでは、賃貸住宅の追い出し屋問題や貧困対策としての住宅政策の拡充を求める活動を中心に行っています。今年9月には住居確保給付金の拡充を求める要望書を厚生労働省に提出しました。

また、2019年11月に〝ビッグイシュー基金〟の共同代表にもなりました。〝ビッグイシュー基金〟では2020年8月、コロナ困窮者の住宅確保を応援する〝おうちプロジェクト〟を開始しました。これは、住まいがない方や、コロナの影響で収入が減少して安い家賃の所に引っ越さないといけないという方に、住宅の初期費用を提供するプロジェクトです。

2 コロナ禍に直面して

――いろいろな居住支援に長く関わってきたのですね。そんな稲葉さんから見て、新型コロナウイルスの感染拡大に伴って出てきたさまざまな生活困難や貧困には、――最初から総括的にこういう聞き方をしていいかわかりませんが――、何か新しさや特徴があると感じますか。それとも、前から存在した貧困が深刻化あるいは可視化されたというふうに感じますか。

稲葉：両方の側面があると感じています。

時系列的に言うと、3月末に、これから住まいを失う方が増えるのではないかと予測し、〝住まいの貧困に取り組むネットワーク〟で、不動産業者、大家さん、家賃保証業者宛ての緊急アピールを出しました。これは追い出し屋問題の再発を懸念してのアクションです。リーマンショックの前後に、家賃保証会社が家賃を滞納した人を物理的に追い出してしまうといった、かなり悪質な追い立てが横行して、全国で裁判にもなりました。その後は落ち着いていたのですが、コロナの影響で家賃を支払えない方が増えてくると、追い出し行為が頻発しかねないと考え、牽制の意味を込めてアピールを発表しました。

このアピールは、「強制的な立ち退きは違法ですよ」と警告しつつ、同時に、家賃滞納問題については「入居者を追い出すのではなくて、行政に対して公的な支援の拡充を求めていきましょう」と、警告と呼びかけが一緒になっているような文章になっています。同時に、「もし家賃を滞納した場合はこういう制度がありますよ」と、社協の貸付や住居確保給付金、生活保護などを案内する記事をSNS等に出して、制度の活用を呼び掛けていました。

その時期には、自営業やフリーランスの方で、もともと低所得でない、たとえば家賃が十数万円の所に暮らしていたり、家族も3〜4人いたりという方から、「家賃が払えない、このままでは追い出されてしまう」という相談が結構ありました。これまで生活困窮者支援の現場には現れなかったような人たちです。これには非常に驚きました。コロナによる困窮の特徴の一つだと思います。ただし、その後に持続化給付金などの制度ができてからは、そのような方々からの相談は少なくとも私たちの所には来ていません。3月はこのような状況でした。

4、5月になると、もともとネットカフェに暮らしていた人たち——東京都内で約4000人という推計値が出ています——が、一斉に行き場を失うという状況が生じてきました。その後6月ぐらいから相談が少し減ったのですが、7月下旬からは、感染の再拡大に連動するような形で、再び相談件数が増加しました。

団体の枠組みとしては、4、5月には〝つくろい東京ファンド〟で緊急のメールフォームを開設し、緊急の駆け付け支援というアウトリーチ型の活動を模索しながら作っていきました。

6月からは、〝新型コロナ災害緊急アクション〟――〝反貧困ネットワーク〟の呼びかけで30団体以上が集まるネットワーク――に、メールフォームの相談窓口を開設してもらい、〝つくろい東京ファンド〟のメンバーもそちらに合流して一緒に活動を続けています。

そうしたなかで見えてきた問題は、新しい問題というよりも、むしろもともとある問題が顕在化したのだろうと捉えています。ネットカフェに暮らしている人たちについては、私たち支援団体がなかなかアプローチできていないという問題意識をもともとずっと持っていました。路上生活者支援の現場では、年末年始に、越年越冬の活動が行われていますが、そういう長期の休みのときに若い人たちが炊き出しに来るという現象が毎年見られます。12月29、30、31日……と年が押し迫るにつれて、普段はネットカフェで暮らしているような比較的若い世代の人たちが、お金が尽きて、路上に押し出されてくるという現象です。その中には、人生で初めて野宿をします、という方もいらっしゃいます。そのような人たちを年末にお金が尽きて路上に出てくる前の段階でサポートできないだろうかという問題意識で、昨年の年末から今年の年始にかけて、〝年越し大人食堂〟という取り組みを、〝つくろい東京ファンド〟と〝POSSE〟が共同で行いました。屋内での食事会と相談会を兼ねた取り組みで、その場で年末年始を乗り切るための緊急の宿泊費もお渡ししました。

そのような、広い意味でのホームレス状態にありながらも通常の路上生活者支援ではアプローチできていない人たちが、今回コロナで一斉に押し出されていました。相談者のうち大体2割ほどが女性でした。性風俗産業で働く女性も含めて、女性の相談が多かったのも一つの特徴だったと思います。

――女性が2割程度ということですが、相談の現場に現れる方の年齢層や性別など、その推移がわかれば教えてください。大体の印象でも結構です。

稲葉：統計をちゃんと取れていないのですが、4～5月の2ヶ月間で、つくろい東京ファンドのメールフォームにきた相談が約170件で、年代でいうと20～40代がほとんどです。なかには10代も数人いらっしゃいました。女性の割合は2割ぐらいです。

お仕事は本当にさまざまですけれども、やはりコロナで一番影響を受けた飲食業の方が多かったです。居酒屋の店員などですね。キャバクラなど、いわゆる「夜の街」で働いている方々もいました。ホテル関係の方も当時は結構いらっしゃいました。それから、建築土木、アパレル関係など、本当にさまざまな業種の方々がいらっしゃったというふうに感じています。

年齢層は6月以降もほとんど変わっていないです。女性の割合がちょっと減ったかな、とは感じています。

――稼働年齢層の方が多いのですね。それは、以前と同じような傾向ですか、それともコロナ以降に稼働年齢層のところにシフトしたという印象をお持ちですか。

稲葉：コロナ禍以前は、高齢の男性の路上生活者の相談が大半でしたが、4月以降、普段はネットカフェ等に寝泊まりをしている稼働年齢層が困窮して、私たち支援団体につながるようになっています。

3　日々の活動が〝届いた〟

――今回、普段と違う層にリーチできたのは、方法をメールのフォームに変えたからではないかと、都内の社会福祉協議会に勤務し、民間の支援活動にも参加している根本真紀さんがお話しされていました。つまり今回、いろいろな業種に経済的打撃を与えたコロナ禍または緊急事態宣言によって困窮したという方々もいると思うのですが、いつもと違う層にリーチできたのは、相談を受けつける方法を変えたことによる側面が大きいのか、あるいは、これまで潜在化していた問題がコロナ禍か緊急事態宣言かによって顕在化したのか、いくつかの要素があるのではないでしょうか？

稲葉：　はい、いくつかあると思います。やはり、従来の路上生活者支援団体が広い意味でのホームレス状態にある方々にアプローチできていないという問題意識はずっと持っていました。各地の炊き出しの現場に来るのもいわゆる中高年の「おじさん」たちが中心で、そういうところには若年男性や女性が行きづらいという話はずっとありました。そこにアプローチする試みの一つが大人食堂でした。

また、昨年から、東京アンブレラ基金という、各団体と一緒に緊急宿泊支援のための基金をつくるという取り組みをしているのですが、そちらは、一般社団法人〝Colabo〟や〝難民支援協会〟など、いわゆるホームレス支援、路上生活者支援の団体とは別のカテゴリに属すると思われてきた団体とも連携しています。実際にこれらの団体にお話を聞いてみると、実質的には広義のホームレス支援をやっているのですよね。個別相談の中で、「今夜、泊まる場所がない」という相談を受ける機会が実は多いと。そういう場合に各団体が自腹を切ってホテル代を出していたという話を聞き、では、緊急時の宿泊支援を補助する仕組みを作ろう、と始めたのが〝東京アンブレラ基金〟です。基金を通して相互の連携を強化することで、広義のホームレス状態にある人たちの存在を顕在化させることも当初からの目標でした。

コロナ禍における緊急支援で、メールフォームでの相談という形態をとったのは、すでに電話が止まっているだろうと予想していたからです。実際そのとおりでした。3月くらいから収入が激減していて、携帯電話代が払えず電話が止まっていると。また、携帯キャリアを使ったキャッシュレス決済で生活必需品を購入している人も多いです。何か他で購入した代金も携帯料金と一緒に引き落とされるので、そこがストップしてしまうと電話もストップしてしまうのですよね。若い世代の人たちは、当面の所持金がない時に後日引き落としのキャリア決済サービスを使う傾向があるため、わりと電話が止まりやすい。ただ、皆さんスマートフォンの本体は持っていらっしゃるので、メールならFree Wi-Fiのある場所に行けばできるということで、メールフォームでの相談を始めました。そういうツールを使ったのは今回が初めてなので、過去にもメールフォームがあったら捕捉できていたかというと、ちょっと比較できませんが、それによってつながった面もやはりあるとは思います。

——これは私の考えなのですが、世の中が「支援を求めていい」という雰囲気になると支援を求めやすくなる現象がありますよね。リーマンショックのときは、非正規労働者の人たちがみんな困っているということを世の中の人がわかったから、「じゃあ生活保護を利用しようかな」と窓口に行けるとか、今回も、例えばこういう業種は大打撃を受けていると問題になるとか、そういうのでも、「みんな困窮しているなら自分もしょうがない」という気持ちになって支援を求めるというところもあるのかなと思います。それと、支援団体の側のそれまでの準備みたいなものが合わさって、危機のときに顕在化するという解釈です。

稲葉：　そうだと思います。ただ、そもそも通常時でも、ネットカフェに暮らしていて、非正規で不安定な就労を続けていてワーキングプア状態であるというだけで支援対象だと考えますけど、それでも――これは大人食堂のときにすごくあったことなのですが、相談に乗って、〝東京アンブレラ基金〟で年末年始の宿泊費を出して、そこでいろいろお話を伺って、私たちとしては年明けに生活保護などの公的な支援につなげたいとお話ししても、「仕事がないのは年末年始の間だけだから、その先は自分でやります」、「またネットカフェに戻って仕事を探します」、「派遣の仕事にまた就きます」という方が非常に多かったのです。通常時はそういう感じだったのですが、コロナで仕事の量自体が減って、あと、派遣も新規に流入してくる人が増えて非常に競争が激しくなって、それで、やっぱり生活を維持できないからということで、私たち民間団体に相談をしようという流れになっているのかなと思っています。

――「コロナだから」ということで逆に相談に行くハードルが下がったということですが、相談に来た後に支援につなぐときに、たとえば生活保護だとかについてはやっぱりまだハードルが高いというような印象はお持ちでしょうか。そして今回、メールなどいろんな形で情報を発信したと思いますけども、特にインターネット経由で相談を受け付けるときの情報の発信の仕方と、相談にみえた方がどういう形で情報を受け取ったのかということがとても知りたいのですが、そこはいかがでしょうか。

稲葉：なかなか把握できていないところもありますが、一つはやっぱりツイッターですよね。4月段階で相談窓口を開設したときのツイートはかなり拡散されて、それを見てすぐに連絡をくれた方は多かったです。あとは、友達経由――支援につながって生活保護を受けられてアパートに入ったという話を友達から聞いて、「じゃあ私も」と来た方もいらっしゃいます。私が出たラジオを聴いて、とか、テレビを見て、というのも一部ありました。

――来談される方は何を求めて、何に期待して来られますか？　やはり住居でしょうか。

稲葉：メールフォームにくる相談は、地方からの相談も一部ありますけれども、ほとんどが首都圏からで、もう路上生活になっているか、なりかけているという方です。困窮度合いが非常に高い、所持金が数百円とか数十円という方がほとんどで、野宿経験がない方も多いので、とりあえず今晩泊まる所を何とかするというところから入って、スタッフが駆けつけて緊急の宿泊費を渡して、ビジネスホテルなどに2、3泊滞在していただく間に話をして、生活保護などの公的支援につなげていきました。

生活保護を利用するハードルは未だに高くて、特に今回は若い方が多いので、田舎にご両親がいるという方が多いです。ただ、特に20代ぐらいの方で、親元を離れて東京に来て一人で働いているという場合、やっぱり、家族との関係がうまくいっていない、要するに、生活が困窮しても家族に頼れないという状況の方が多いので、生活保護を申請すると家族に連絡がいくというのが非常に大きなハードルになっていると思います。あと、制度そのものに対するマイナスイメージというのも相変わらず強いです。「生活保護以外の方法はないですか」とよく聞かれますね。

――生活保護以外の方法はないかと聞かれたときは、たとえば具体的にどういう案内をしていますか？

稲葉：生活保護以外の方法は、現実にはあまりないですね。東京だと、〝TOKYOチャレンジネット〟が、ホテルを経由して一時住宅の支援をやっているのですが、一定程度の収入の見込みがある人しか受け入れてくれないということがあります。ホームレス自立支援センターもありますけれども、相部屋なので、コロナの感染予防という観点から相部屋は嫌だという方も多いです。生活保護以外の選択肢といってもなかなか提示が難しいですね。とりあえずこちらで2、3泊分のホテル代等を出すものの、その間に単発の仕事を見つけてネットカフェの生活に戻る方も結構いらっしゃいます。一部、〝つくろい東京ファンド〟で借り上げているシェルターで、ある程度収入の目処がある方については3ヶ月程度無料でシェルターにお泊めするということもしているので、シェルターから仕事に通っている方もいらっしゃいます。

――相談に来られる方の健康状態はどうですか？

稲葉：ちゃんと調べているわけではないので、本人の主訴としてあまり出てこないということなのかもしれませんが、深刻な病気を抱えている方は今のところ少ないです。

——深刻な病気とか障害を抱えている方は、むしろそれを入り口にして支援につながるということなのでしょうかね。

稲葉：知的障害、精神疾患のある方は一定、いらっしゃいますけどね。

4　路上の変化

稲葉：ちょっと話が変わりますが、実はこのところ、路上生活が長かった人が支援につながるパターンが増えています。60〜70代で野宿歴が10〜20年という方が数人、私たちのシェルターに入っているのです。理由はいくつかあると思っていて、シェルターを増やしたから入りやすくなったというのも一つありますが、もう一つは、夜回りなどで、特別定額給付金を受け取りたいということで相談を受けて「じゃあシェルターに入りませんか」ということで、給付金がきっかけとなって、生活保護を申請するという方もいらっしゃいました。

あとは一部、「コロナ禍のなかでホームレスの人たちはどうなっているのか」というような報道がいくつかなされた影響もあって、もともと私たちの活動を応援してくれているような地域住民の方や関連機関の方が野宿の人に声をかける動きがありました。そこで給付金や生活保護の話などをいろいろしてくれて、私たちにつないでくれたというケースも数例ありました。

——声を掛ける地域の人がいるのですね。どんな方ですか？

稲葉：　もともと中野で6年ほどシェルターをやっていて、3年前に〝カフェ潮の路〟という、ホームレスを経験した人たちの仕事づくりと場所づくりを目的としたカフェを作ったのですが、そこは飲食店としての営業許可をとっていて、一見普通のおしゃれ風のカフェとして運営しているので、地域の方が結構来られるんですよね。そこで関心を持った方とか、もともと地域のなかで、子育て支援などの市民活動をしている方とかですね。そのような地域住民の方が野宿をしている人に声を掛けて、こちらにつなげてくれるという動きが広がっています。

5　直近（9月）の動向

――7月以降、感染が再拡大するなかでふたたび相談が増加しているということですが、経済活動も「再開」されつつある中で、直近の動向として何かお気づきの点はあるでしょうか。

稲葉：　コロナの影響を一番受けているのは飲食関係で、長期化するなかで、廃業、倒産、事業縮小という動きが出てきているので、そこで働いていた方、特にアルバイトの方が真っ先に仕事を切られて相談に来られるケースがやっぱり多いと感じています。

――すると、直近で相談に来られる方というのは、今までなんとか仕事でつないでいたけれども、とうとうもたなくなって、とか、仕事が再開されるかもしれないと思って手持ちでつないでいたけども、結局もたなくなってとか、そういう方もいらっしゃるかと思いますが、どうですか？

稲葉：そういう方ももちろんいらっしゃいます。
――先ほど言われたように、やはり20～40代ぐらいの方ですか？
稲葉：はい。その傾向はずっと変わらないですね。
――基本的に単身の方ですか？
稲葉：はい。今は、単身者の相談ばかりです。
――3月から4月あたりは、これまで相談に見えなかったような家族持ちの方からの「家賃が払えない」などの相談が増えたということでしたが、今、来談される方の様子からみて、こんな聞き方が正しいのかどうかわかりませんけど、状況の好転の兆しはありますか？　それとも、やはり長期化している中で、これまでなんとかつないでいた人がもたなくなっていっぱい出てきそう、という印象ですか？
稲葉：あちこちの路上生活者支援団体に話を聞いていますけれども、新宿も池袋も山谷地域も、炊き出しに集まる人の数が急増しているという状況にはなっておらず、微増ぐらいにとどまっています。現時点（9月末）では、もともと持ち家や賃貸で暮らしていた人たちが一斉にホームレス化するという事態はまだ起こっていませんが、今後はどうなるかわかりません。

6　今後の懸念点、その先の支援へ

稲葉：2020年春以降、社協の特例貸付と住居確保給付金の利用件数が非常に伸びており、この二つの制度でなんとか持ちこたえている方が多いのだろうと思っています。5月以降生活保護の申請は逆に減っていますが、住居確保給付金もこのままだと最長で9ヶ月なので、年末年始ぐらいに援助がなくなる人たちが出てくると思います。この冬ぐらいに有効な対策が行われなければ、最悪の場合、リーマンショックのときのような状況が生まれかねないと思っています。

――今、対策とおっしゃいましたけれども、すぐに必要なものと、長い目で見て必要という対策がいろいろあると思いますが、何かお考えのことはありますか?

稲葉：　直近の課題は住居確保給付金の期間の問題ですが、同時に、当初から要望してきて、まだ実現していないこととして、住宅の現物給付があります。災害時救助法を適用して、「みなし仮設方式」で民間の空き家や空き室を行政が借り上げて、住まいを失った人たちに提供すべきではないかということを、各方面にけっこう呼びかけてはきたのですが、残念ながらまだ実現していないので、そこは引き続き働きかけていきたいですね。

それから、最後のセーフティネットである生活保護において、このところ厚労省が申請時の相談時間の短縮や資産要件の緩和など、制度を使いやすくする方向での通知を出していますけども、その通知を守っていない自治体もたくさんあるので、そこも引き続き働きかけていきたいと思います。

――住宅の問題に関して一番難しいのは、その施策を担当している部局というのが明確ではなくて、どこに訴えればいいかということが非常に不明確というところだと思うのですよね。私も東日本大震災のときの「みなし仮設方式」は方法としてはよかったと思います。各方面に呼びかけておられるとのことですが、その場合、どのあたりに呼びかけるのでしょうか？

稲葉：このところ与野党への働きかけはしてきましたけれども、省庁となると、国土交通省がそもそも貧困対策という意識を持ってないという問題があります。厚労省は、住居確保給付金を拡充したり、生活保護に関する通知を出したりしていて、それなりに問題意識を持って動いているなと感じるのですが、国交省は当事者意識が全然ないというのが一番の問題です。ようやく、厚労省と国交相の連絡協議会が始まりましたけれども、まだ話し合いのレベルにとどまっています。おっしゃる通り、どこに働きかけていいのかわからず、難しい面はありますね。

――自治体にも部局がないですよね。都道府県レベルで公営住宅というのはありますけれども。その難しさが一番ネックなのではないかと。

稲葉：そう思います。都道府県の公営住宅も一部提供はされていますけど、規模は非常に小さいので。

――すると、長期的な政策として、生活保護の住宅扶助の単給などが必要だと思いますか？

稲葉：住居確保給付金から再就職支援という性格を外して、期間を限定しない普遍的な家賃補助制度に改編していくべきだと提言しています。そうなっていけば事実上、生活保護の住宅扶助単給と同じような形になってくるので、そこを目指していきたいと思っています。

――稲葉さんたちの支援団体は、広い意味でのホームレス状態にある比較的若い層へのリーチを普段から準備していてコロナでそれがかなったという面がありますが、行政はその逆で、普段から追い返しをしているから危機のときに水際作戦を強化するということなのでしょうか。

また、行政職員の人たちは、個人としても、組織人としても、当然のこととしてそういうことをしているのか、それとも、組織のローカルルールに従って仕方なくやっているのか、人手不足のせいなのか、稲葉さんは現場で見ていて、そのあたりはどう思われますか?

稲葉：　生活保護の申請件数が4月にすごく増えたのですよね。私たちもかなり同行しました。その時期は非常に対応が悪かったです。一人で行ったら追い返されるという話も聞きましたし、ひどい場合には「みんなが受けるとパンクする」と職員に言われたとか、早めに役所に行って順番を待っていたにも関わらず「もう17時だから受け付けられない」と言われたという話もありました。この時期は、自治体にもよりますけども、特に大都市部の自治体はパニック状態になっていたのではないかと感じています。相談件数が増えたことによって対応が悪化したという面はあると思います。

ただ、その後、申請件数が減っても対応の悪いところはやっぱりまだ悪いですね。首都圏の多くの自治体では、住まいのない人に対して、相部屋の「無低」（無料低額宿泊所）に誘導するという運用が続けられていて、それが実質的な水際作戦として機能しています。また、住まいのない人に「昨日の晩に泊まっていたところの自治体に行きなさい」という形で追い返すということも相変わらず行われています。

新型コロナ災害緊急アクションに協力してくれている自治体議員の会があるのですが、その議員さんたちが、自治体間の格差を炙り出す取り組みとして、各地域、最初は東京の三多摩地域の福祉事務所に対するアンケートを行って、その後23区や千葉でも行っています。

――厚労省から出た一連の通知は、自治体にどの程度効いたのでしょうかね。

稲葉：それは本当に自治体によってバラバラですね。だから私たちも申請同行のときには厚労省の通知をわざわざプリントアウトして持って行って、「初回面談は簡素化して短い時間でやりなさいと書かれていますよ」ということを言うのですが、それで、実際に簡素化している所もあれば、相変わらず、3～4時間も根掘り葉掘り聞く所もある状態ですね。たくさん通知が出ているのに全然見ていないという話も聞くので、やっぱり徹底はされていないと思います。

――わかりました。これまで相談現場から見えることということで伺ってきましたけれども、もう少し広く、これからの生活支援や生活保障のありかたについて、何が大事な問題になるとお考えですか。

稲葉：問題はやはり、居住福祉という観点があまりに弱いということです。先ほど水際作戦の話をしましたけれども、特に首都圏では、生活保護を申請したときに、もう一律で「無料低額宿泊所に行ってください」というふうに誘導されるという問題が未だにあって、自治体によっては、無低に入らないと生活保護を受けさせないと、施設入所を強要しているところも少なくありません。この点についても先日厚労省にあらためて申し入れをして、それを受けて厚労省から新たな通知を出してもらいましたけれども、無低依存は相変わらずあります。いちど無低に入れられてしまうと、入れられっぱなしで、なかなか居宅に移行できません。私たちはずっとハウジングファースト型の支援を実践してきましたし、行政に対しても要望してきましたけれど、依然として、劣等処遇と言っていいような対応が続いているのです。住まいは基本的人権だということが依然として確立されていないことが一番の問題だと感じています。
――無低に入らないと生活保護を受けさせない要因の好意的な解釈としては、ケースワーカーが人的時間的制約で家を探せないから一律で無低に入れるということをしているのではないかと思っているのですけども、そういうわけではないのでしょうか。ケースワーカーの人は、自分たちで家を探してはいけない、もしくは家を探す手伝いをしてはいけないと思っているところがありますよね。私はそういう支援をケースワーカーがやってはいけない、ということはないと思うのですが。

稲葉：そうですね、それもあります。ですが、今回、4月から7月の上旬にかけては、東京都がビジネスホテルを提供していて、そのビジネスホテルは、生活保護を申請した人も使えるようにはなっていたのです。ところが、そちらは使わせないで、相変わらず無低に送り続けていました。

一番酷いのは台東区ですけれども、同行した支援者が「ビジネスホテルがあるじゃないか」と言ったら、「今日、東京都から新しい通知が出て、生活保護の人はビジネスホテルを使えなくなりました」と言われて、「ではその通知を見せてください」と言ったら、結局何も出てこなかったということがありました。

――ええ、どうしてそんな嘘を。

稲葉：これはちょっと極端な例ですけど、そのように、従来の自分たちのルーティンに乗せるような対応が結構見られました。たぶんそれも、ビジネスホテルに入れてしまうと、ビジネスホテルが使える短期間のうちに部屋探し等を支援しないといけなくなるから、それをやりたくないとか、福祉事務所では居住支援できないとか、考えているのかもしれませんが。

——ケースワーカーが転居支援できないと考えているのは問題ですね。

稲葉：そうですね。一部の自治体では居住支援をＮＰＯ等に業務委託する動きも始まっていますが、本来は福祉事務所のケースワーカーを増員して、専門性を高めるべきだと考えています。

——どうもありがとうございました。（２０２０年9月24日実施のオンラインインタビューより。『貧困研究』25号（貧困研究会発行、明石書店発売）より転載）

第3章

2020年秋

【2020年9月】「自立支援」の時代の終焉を迎えて
——住居確保給付金から普遍的な家賃補助へ

世界保健機関（WHO）がこの3月に新型コロナウイルスのパンデミック（世界的な大流行）を宣言してから、半年が経過した。

日本国内でも、感染拡大が経済に危機的な影響をもたらし、貧困が拡大し始めてから、6ヶ月が経過したことになる。

◆コロナ禍で増え続ける倒産、増えていない生活保護の申請件数

経済活動の停滞が長期化する中、新型コロナウイルスの影響を受けた倒産は増え続けている。

帝国データバンクの集計によると、新型コロナウイルス関連倒産は9月16日16時時点で、全国で533件。業種別では、飲食店が最多で77件。次いで、ホテル・旅館が55件、アパレル小売店36件、建設・工事業34件、食品卸32件等となっている。

また、倒産には至っていないものの、業績の悪化を踏まえ、外食チェーン等で店舗数や従業員数を減らす動きも加速している。

こうした中、最も影響を受けているのは非正規の労働者だ。私たち生活困窮者支援団体の相談現場でも、飲食店等のサービス業で仕事を失った方々からのSOSが相次いでいる。

総務省が9月1日に発表した7月の労働力調査によると、非正規雇用の労働者数は、前年同月比で131万人も減少した。

従来から指摘されてきたように、非正規雇用が「雇用の調整弁」として機能していることがあらためて明らかになったと言える。

だが、奇妙なことに貧困が急速に拡大しているにもかかわらず、生活保護の申請件数は増加していない。

緊急事態宣言が発令されたこの4月、生活保護の申請件数は2万1486件に上り、前年同月比で24・8%も増加した。しかし、5月は逆に前年同月比で9・7%減少し、6月も4・4%減少と、微減の傾向が続いている。

◆社協の貸付制度と住居確保給付金の申請は急増

その一方で、3月から拡充され、全国の社会福祉協議会（社協）が窓口となって受け付けている「緊急小口資金」と「総合支援資金」という2種類の貸付プログラムの利用件数は、この間、急増している。

感染拡大の影響で減収となった人に最大20万円を特例で貸し付ける「緊急小口資金」は、これまで約70万件が決定され、失業や減収した人に生活資金（単身月15万円以内、２人以上世帯月20万円以内）を原則３ヶ月まで貸し付ける「総合支援資金」は約33万件が決定された。

これらの貸付制度の申請期限は、当初、９月末までに設定されていたが、厚生労働省は先日、12月末までの延長を決めた。予算は予備費から３１４２億円を充てる予定だという。

また、今春以降、収入が減少している人に賃貸住宅の家賃を支給する住居確保給付金（給付金）の申請件数も急増している。４月から７月までの全国の給付金の申請件数は、計９万６２８５件（決定件数は計８万２３９３件）にのぼっている。

厚労省は、社協の貸付制度と住居確保給付金に関する相談を無料で受け付けるコールセンターをそれぞれ設置している。厚労省のホームページを開いても、これらの２つの制度が大きく宣伝されており、政府がこの２つの制度をコロナ禍における貧困対策の主軸に据えていることがよくわかる。

私たちが今春以降、生活保護制度に関する広報の強化を厚労省に要望した結果、同省は先日、ホームページ上で公開している「生活を支えるための支援のご案内」と題したリーフレットの生活保護に関する説明に、「生活保護の申請は国民の権利です。生活保護を必要とする可能性はどなたにもあるものですので、ためらわずにご相談ください」という文言を追加し

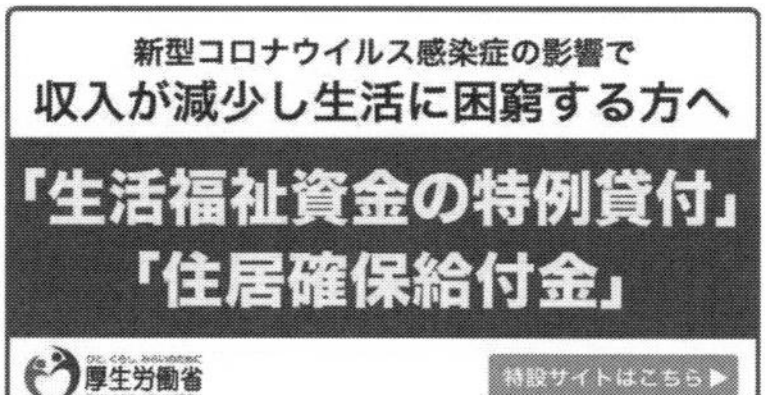

図3-1　厚生労働省HP のバナー

た。

このこと自体は前向きに評価できるが、ホームページ上の社協の貸付制度や住居確保給付金の扱いに比べると、厚労省が生活保護の広報に消極的なのは一目瞭然である。

そうした政府の姿勢が生活保護の申請件数にも影響しているのであろう。

私は、これまで政府に対して貧困対策の強化を要望する際、生活保護の積極的活用と同時に、生活保護の手前のセーフティネット（特に住宅支援）の強化を訴えるという二正面作戦を採ってきた。

コロナ禍における政府の貧困対策は、前者については落第点だが、後者については一定、評価できると捉えている。

◆住居確保給付金の期間延長は喫緊の課題

だが、経済危機が長期化するにつれ、住宅支援の軸となる住居確保給付金の限界も明らかになりつつある。

ＮＨＫは先日、住居確保給付金についての各自治体に調査した結果を発表した（注１）。

報道によると、コロナの感染者数が多い上位10の都道府県のうち、人口の多い東京23区や政令指定市など36の区市の窓口にアンケートを実施したところ、下記の結果が得られたという。

・上記の区市における２０２０年４月から７月までの給付金の申請件数は計４万９２６６件で、前年の同じ時期の約90倍に上った。

・年代別では、30代が27％と最も多く、30代未満と40代がそれぞれ23％、50代が17％、60代が8％、70代が2％と幅広い世代に利用が広がっていた。

・給付金の支給期間は原則3ヶ月、最長9ヶ月に設定されているが、5月分から給付金を受け取った人のうち、3ヶ月で生活を再建できず、8月分から延長をした人が全体の56％に上った。

現在、給付金を利用している人の中には、4～5月に利用を始めた人が多い。このままだと年末年始に支給がストップし、多くの人がホームレス状態に追いやられるという事態が生じてもおかしくない。支給期間の延長は喫緊の課題である。

8月、公明党の「住まいと暮らし問題検討委員会」（委員長：山本香苗参議院議員）は、加藤勝信厚労相（当時）に対し、「ポストコロナを見据えた住まいと暮らしの安心を実現するための提言」を申し入れた。

この提言では、給付金の支給期間の延長とともに、収入要件を公営住宅入居収入水準まで引き上げ、支給上限額も近傍同種の住宅の家賃水準まで引き上げることを求めている。

同委員会は国土交通省に対しても、給付金利用者の現在の住まいを住宅セーフティネット制度の住宅として登録し、公営住宅並みの家賃で住み続けられるように制度を拡充することも要望している。

冬が来る前に、給付金の支給期間の延長等、さらなる制度改正が実現することを期待したい。

住居確保給付金の利用が急増している背景には、２０２０年4月の制度改正も影響している。

この4月、コロナ禍での貧困拡大に対応するため、厚労省は住居確保給付金の支給対象を離職者のみに限定せず、フリーランスや自営業で収入が減少している人も活用できるように制度改正を行った。また、私たちが要望をした結果、ハローワークを通した求職活動という要件についても、当面の間、猶予されることになった。

これらの制度改正が4月以降の申請件数の増加を促したのは間違いない。

◆困窮者支援制度の現場には大きな混乱

だが、申請件数の急増は、給付金の窓口である生活困窮者自立支援制度（困窮者支援制度）の現場に大きな混乱をもたらしている。

大阪弁護士会が、大阪府内の自治体（28自治体が回答）と各自治体の困窮者支援窓口で働く職員（100名が回答）を対象に緊急に実施したアンケートでは、過酷な労働の実態が明らかになった（注2）。

・住居確保給付金の申請件数は全自治体平均で100倍、政令市の平均では255倍と、都市部で激増していた。

・職員のうち、「緊急事態宣言後、仕事を辞めようと思ったことがある」と答えた人が全体の43％、「職場で辞めた方がいる」と答えた人が23％もいた。

・感染リスクを感じたことがあるかとの質問に「日々強く感じる」と答えた者が56％、「時々感じる」を合わせると97％が感染リスクを感じていた。

困窮者支援窓口の業務は、自治体によって自治体が直営しているところと外部の事業者に委託されているところに分かれるが、いずれの場合も多くの非正規職員が配置されている。

◆過労により追い詰められる困窮支援窓口の職員

大阪弁護士会が相談員に実施したアンケートでは、職員の待遇についても質問しているが、回答者の50％が平均月収20万円未満と回答した。非正規職員の平均賃金は自治体職員が約16・2万円、受託事業者の職員が約17・8万円と低水準に抑えられている。

そのため、賃金や労働条件等の待遇が仕事の内容に見合っていないと感じている職員も多く、全体で46％、非正規職員では60％が見合っていないと回答している。

自由記述欄に寄せられたコメントからは、過労により職員が精神的・肉体的に追い詰められ、「相談崩壊」とでも言うべき状況が生じつつあることがうかがわれる。

・仕事量は増えたが、待遇がよくならず、仕事のモチベーションを保つ事が難しい。
・職場風土と委託元の行政担当者も含めたチームワークで乗り切っていますが、現在の状況が長期化したら、現場は限界です（9月までが限界でしょうか）。
・心身ともにもたない。
・「混沌」という言葉に尽きる。木曜日や金曜日になると、意識が朦朧としていた。
・相談される方が多すぎて対処できません。電話も対応できません。本来の生活困窮者支援の窓口の支援が全くできていない。

◆相談員の負担を減らし、待遇改善を

大阪弁護士会は9月10日、大阪府内の各自治体に対して困窮者支援窓口の業務を重要施策として位置づけた上で、職員を増員し、特に非正規職で働く職員の待遇を改善することを要望した。また、国に対しても給付金に関わる費用を全額国庫負担とし、給付金の審査を簡素化するためにも支給要件を緩和することを要望している。

大阪弁護士会の小久保哲郎弁護士は、「相談員は生活に困窮した市民を最前線で支えるという点で、医療従事者と同様のエッセンシャルワーカーと言える」と指摘した上で、「同じ職場で1度に3人の相談員が辞めたケースもあり、市民の相談を受け止められなくなる『相談崩壊』とも言うべき危機的な状況になり始めている。給付金の申請手続きをもっとシンプルにして相談員の負担を減らすとともに、賃金等の待遇を仕事に見合うものに改善し、大幅に増員するなどの対策が必要だ」と述べている。

制度を使いやすくすることが現場の職員の負担も減らすという指摘は重く受け止めたい。

このように、急に議論の的となっている住居確保給付金だが、実は今春まではほとんど忘れられた制度になっていたという実態があった。

住居確保給付金の前身は、リーマンショック後の２００９年に創設された住宅手当である。そのため、この制度は「派遣切り等によって仕事を失った人に対して、ハローワークに通い、真摯に求職活動を行っている期間だけ家賃を補助する」という制度設計になっており、住宅支援というより再就職支援としての性格が強い制度であった。

私は住宅手当が２００９年に始まって以来、この制度の使い勝手の悪さを批判してきた。例えば、東京都内では約４千人ものネットカフェ生活者が存在するが、その人たちのほとんどは就労を継続しているので、離職者のみを対象とする住居確保給付金制度を活用することができないという問題がある。

「派遣切り型の貧困」に対しては一定、有効であっても、仕事があっても貧困から抜け出せない「ワーキングプア型の貧困」には対応できない制度設計だったのである。

ワーキングプアの現役層や高齢者を含めた多くの低所得者の住まいを支えるためには、「再就職までの間の期間限定の家賃支援」という制度の前提を変え、他の先進諸国で実施されている普遍的な家賃補助制度へと拡充する必要があると、私たちは訴えてきた。

しかし、２０１５年度に「生活保護の手前で生活困窮者を支える」という触れ込みで生活困窮者自立支援制度（困窮者支援制度）が始まると、この給付金は新たな困窮者支援制度の一つのメニューとして組み込まれ、給付金の申請も各自治体に新たに設置された困窮者支援の窓口が管轄することになった。

生活困窮者自立支援制度における「自立支援」とは、経済的な自立に限定するものではない、と厚労省は説明をしていたが、同制度における現金給付のメニューは住居確保給付金のみに限られており、実質的には就労自立をめざす支援が重視されているのは明らかであった。

そのため、住居確保給付金についても、私たちが目指す方向とは逆に、「再就職支援」（経済的自立の支援）という性格が強まってしまったのである。

また、この時期、アベノミクスにより失業者数は減少したが、非正規雇用で働くワーキングプアの数は逆に増えてしまった。

こうした経済状況のもとで、離職者の再就職を支援することを主眼とする住居確保給付金の決定件数は減り続け、２０１７年度には新規支給決定件数が４１０９件と、ピーク時の２０１０年度（3万7151件）の9分の1程度にまで減少してしまった。

この制度は、ほとんど忘れられた制度になろうとしていたのである。

◆「再就職支援」の性格を外し、期間を限定しない普遍的家賃補助制度に拡充を

しかし、コロナ禍で経済が停滞し、経済的自立の支援が困難になると、皮肉なことに生活困窮者自立支援制度の中で唯一の現金給付の制度である住居確保給付金制度が再び脚光を浴びることになった。

だが、最長9ヶ月間という期間の限定がネックになっているのは、先に見た通りである。期間が限

定されているのは、「短期間での再就職支援」という制度の前提に縛られているからである。

厚労省がハローワークでの求職という要件を外したのは、コロナ禍を踏まえた一時的な措置であると考えられるが、今こそ、この制度から「経済的自立の支援」という性格を外し、期間を限定しない普遍的な家賃補助制度へと拡充すべき時であると私は考える。

コロナ禍が去ったとしても、気候変動やＡＩの普及など、今後の労働市場には多数のリスク要因が存在する。変動する労働市場に依存する貧困対策は不安定なものにならざるをえない。

私は、就労を通した経済的自立を重視する困窮者支援制度自体が、政府による生存権保障を後退させかねないとして批判をしてきたが、今や短期間で労働市場を通した経済的自立をめざす自立支援策自体が無効化しつつあると言える。「自立支援」の時代は終わりつつあるのだ。

労働市場がどのように変動しようとも、人々の暮らしの基盤である「住まい」を確実に保障する「ハウジングファースト」型の支援策を国の貧困対策の中軸に据えるべきであると私は考える。それは労働市場の状況に左右されない「自立」した貧困対策である。

住居確保給付金のモデルチェンジを手始めに、国の貧困対策を「市場依存」から脱却させ、「自立」させる道を模索すべきではないだろうか。

「自立支援」の時代の次を見据えていきたい。

（注１）「家賃払えない」給付金申請が90倍に新型コロナ影響：ＮＨＫニュース
https://www3.nhk.or.jp/news/html/20200909/k10012608001000.html（２０２１年６月３日、

最終閲覧）

（注２）大阪弁護士会：大阪府内の生活困窮者自立支援窓口アンケート調査結果と国及び自治体に対する要望書

https://www.osakaben.or.jp/info/2020/2020_0910.php（２０２１年６月３日、最終閲覧）

【2020年10月】「家なき人」に住民が声かけする街

——コロナ禍で進む「路上脱却」の背景とは？

今春以降、コロナ禍の影響で仕事と住まいを失う人が増加していることを受け、全国各地の生活困窮者支援団体は活動を強化している。

私が代表理事を務める一般社団法人つくろい東京ファンドも、寄付金や助成金をもとにアパートの空き室の借り上げを進め、個室シェルターの増設に努めてきた。都内で運営している個室シェルターの数は、今年3月初旬の時点で25室であったが、現在では58室まで増加している。

各部屋には、着の身着のままの状態の方をいつでも受け入れられるように、冷蔵庫・炊飯器・洗濯機等の家電製品と布団一式を備え付けている。家電製品はリサイクルショップで購入して、部屋に搬入してもらっているが、シェルターへの入居希望者は多いため、搬入の2～3時間後には入居者を迎え入れている部屋も少なくない。

この間、新たにシェルターに入居した方は、コロナ禍の影響で仕事を失った20～40代が中心だが、その一方で、60代以上の高齢者も数人、支援につながっている。そのうち5人は、路上生活歴が5年

〜20年という長期間にわたる人たちだ。

◆「長期路上」の人が立て続けにシェルターに入所

私はこれまで26年間、路上生活者の支援に取り組んできたが、支援関係者の間でも「長期間、路上生活状態にある高齢者の支援は難しい」と言われることが多い。体力が弱っているように見えて、早く路上生活から抜け出してもらいたいと支援者が働きかけても、「体が動けるうちは、自分でなんとかしたい」と言う高齢者は少なくない。

その背景には、長年の行政不信や人間不信、生活保護制度を利用することへのスティグマ（負の感情）、生活環境が変わることへの不安や抵抗感があると考えられている。

そうした事情を知っている私にとってみれば、この半年間で5人もの「長期路上」の人が立て続けにシェルター入所につながったのは、奇跡とでも言うべき出来事だった。

コロナ禍において、彼らはなぜ「路上脱出」へと踏み出すことができたのだろうか。その「秘密」を探ってみたい。

まず、コロナ禍が路上生活を続ける人に与えた影響について考えてみたい。

一部には、「普段からサバイバル生活をしている路上生活者は、非常事態には強いはず」という見方がある。

確かに河川敷などでテント生活をしている人の中には、畑を耕して自給自足に近い生活をしている人もいる。こうした生活をしている人たちは社会や経済の危機の影響を受けにくいかもしれない。ただ、都市部の路上生活者は、安定した住まいを持たない分、逆に都市のさまざまな機能に依存している存在だと私は考えている。

例えば、緊急事態宣言が出されていた4～5月には、「図書館が休業になって、昼間の居場所がなくなった」という声が多く聞かれた。

◆収入が減った路上生活者、『ビッグイシュー』の通信販売は好調

今年は、アメリカのシンシナティを舞台に「大寒波が襲来した日の夜に路上生活者が図書館に立てこもる」というストーリーの映画『パブリック図書館の奇跡』（エミリオ・エステベス監督）が話題になったが、荒天時に図書館が路上生活者の避難場所になるのは万国共通である。その図書館が一時、閉館したことの影響は大きかった。

また仕事の面では、路上生活者が多く従事するアルミ缶集めの仕事は、アルミスクラップの輸出が減った影響で、買い取り価格が下落した。建築・土木の仕事も一時期、工事現場が止まったため、普段以上に収入が減った路上生活者が多かった。

路上生活者の仕事作りのために発行されている『ビッグイシュー日本版』（450円の販売価格のうち、230円が販売者の収入となる）の路上販売も、テレワークへの移行の影響により、ビジネス街を中心に売り上げが大きく減少した。

発行元の有限会社ビッグイシュー日本では、急遽、販売者である路上生活者を支援するため、「コロナ緊急3ヶ月通信販売」と銘打って、通常は実施していない通信販売に乗り出した。

幸い、通信販売は好調で、4～6月の第1次には約9500人、7～9月の第2次にも約5000人の参加があった（現在は第3次募集中）。この通信販売の売り上げをもとに、ビッグイシュー日本では販売者に販売継続協力金として現金給付（4～6月は毎月5万円、7～9月は毎月3万円）を行った。

厚生労働省が2016年に実施した「ホームレスの実態に関する全国調査（生活実態調査）」では、路上生活者のうち、仕事をしている人の平均月収は、約3・8万円であった。

路上生活者の多くは、もともと極度の貧困状態にあるわけだが、コロナ禍はそこに追い打ちをかけたのである。

また、各地で実施されている支援団体による炊き出しも、緊急事態宣言中は一部が一時休止になっていた。

◆路上生活者を支援する市民の動きは活発に

だが、『ビッグイシュー日本版』の通信販売に多くの市民が参加したことに象徴されるように、コロナ禍において孤立し、困窮の度合いを深める路上生活者に手を差し伸べる市民の動きも活発になっている。

実は、この間、つくろい東京ファンドが運営する個室シェルターに入居した5人の「長期路上」の高齢者も、地域の住民や医療機関の関係者が声をかけて、私たちにつなげてくれたという経緯があった。自宅や職場の近くで路上生活をしている人に声をかけ、私たち支援団体につないでくれたのである。

こうした市民の動きは以前からあったが、コロナ禍で孤立しがちな路上生活者を心配した人たちが、普段以上に声かけをしてくれた結果、「長期路上」の人たちが支援につながる結果になったのではないかと私は考えている。

東京都中野区で、路上生活者への「声かけ」を自主的に続けている丸茂亜砂美さんは、5歳と7歳のお子さんを育てながら、「子育て環境向上委員会@中野」という任意団体で、子育ち・子育ての環境の改善に取り組んでいる女性である。

丸茂さんが私たちの活動を知ったのは、つくろい東京ファンドが運営している「カフェ潮の路」にお客さんとして来られたのが最初である。「カフェ潮の路」は、シェルターを出て、地域で暮らしている路上生活経験者の仕事づくりと居場所づくりを目的としているカフェで、地域住民と路上生活を経験した人たちとの交流の場にもなっている。

「カフェ潮の路」には、「お福わけ券」という独特の仕組みがある。「お福わけ券」は、カフェに来たお客さんが「次に来る誰か」のためのランチ代やコーヒー代を「先払い（寄付）」する仕組みで、これにより所持金のない人も飲食できるようになっている。

◆「声かけ」がシェルター入所のきっかけに

丸茂さんはカフェにお子さん連れで来られ、元ホームレスの常連さんたちと交流をしながら、自分でも地域で路上生活をしている人に声をかけるようになったという。

中野区の路上生活者数は、十数人。その約半数は区内の小さな公園に一人ずつ、点在している人たちである。つくろい東京ファンドでは、定期的に中野区内の夜回りを実施しており、これまで夜回りで出会って、シェルター入所につながった人もいるが、区内の小公園の全てを回れているわけではない。

今春以降、私は何度か丸茂さんから「○○公園に野宿をしている人がいる」という連絡をもらい、その都度、その人に会いに行った。残念ながら、お会いできないこともあったが、丸茂さんのおかげで、約20年間、路上生活をしていた70代の男性と、5年以上、公園で暮らしていた60代の男性がそれぞれシェルター入所につながった。

丸茂さんにオンラインでインタビューを行い、路上生活者への「声かけ」を始めたきっかけやその反響をうかがった。

――あらためて、つくろい東京ファンドとの関わりを教えてください。

「500円でおいしいご飯が食べられるカフェがあるよ」という友人からの情報でうかがったの

が最初でした。

そこで、お財布に少し余裕がある時、次来た誰かのためにコーヒーやランチのチケットを購入する、という「お福わけ券」という仕組みを知りました。

その頃は、子どもを育てるのに毎日余裕がなく、他人のことを考えることができていない状態だったので、「私、いま自分のことしか考えられていない」とハッとしたのをよく覚えています。

子どもを連れて気軽に行ける場所を探していたので、お店のスタッフの方や、お客さんたちがニコニコと受け入れてくれたり、子どもに声をかけてくださったりと、アットホームな雰囲気にとても安心しました。

お客さんたちの中には、過去に路上生活を経験していたことがある人がいる、と徐々にわかってきました。大変な経験をされてきたにもかかわらず、カフェに来る私たち親子を気にかけてもらえるのが嬉しかったです。

地域の知り合いにも、「500円でおいしいランチが食べられて、お福わけ券という素敵な仕組みがあるカフェがあるんだよ」とお勧めしていました。

カフェ潮の路

◆路上生活者の「不信感」をほぐすことに苦心

——路上生活の人たちに「声かけ」をするようになったきっかけは何ですか。

カフェに行くまでは、ホームレス支援団体との接点はなく、路上生活者をお見かけすることはあっても、「自分には何もできない」と感じていました。

私は子どもの育ち、育てる環境が良くなればいいなと思い、細々とですが活動しています。その活動の中で、子どもに対する不適切な関わりや虐待について、特に自分事として関心が高く、勉強することが多くあります。

勉強していると、「1人でがんばらないで」とか「誰かを頼っていいんだよ」といった言葉をよく聞きます。「困った時は1人でがんばらなくていい。助けを求めていい」という理解ですが、ホームレスの人たちの状況を知って疑問に思ったのは、「助けてと言っても、支援につながらない社会なの？」ということでした。

そして、その社会の一員である自分は何をしているのか、という自問の末に、声をかけ始めたというのがあります。

また、これはちょっと変わっていると思われるかもしれませんが……。目の前にいる人が「どんな赤ちゃんだったんだろう」と想像してしまうことがよくあります。そして誰しも一度は誰かに抱っこしてもらい、守られていた時間があったと思うのですが、そういう人が今、目の前でおなかを空かせていたり、屋根のないところに居ざるをえないことになっているというのは、一体どういうことなんだろうと考えてしまいます。

初めは夜回りに参加できないかと考えましたが、夜はなかなか出づらい現状もあり、せめて日中、地域で気になる方をお見かけした際には気軽な挨拶からしてみよう、と思いました。

声をかけた後、必要となればその先の相談先（つくろい東京ファンド）を知っている、ということも「次につながられるかもしれない」という動機になっています。つくろい東京ファンドにサポートを受けた方たちが、今となっては自分たち親子のことを気にかけてくださっている、という経験をしたことも大きかったです。

声かけで気を付けているというか、考えていることは、これまでのご経験で皆さんが人に対して不信感を持たれていると感じるので、その部分をどうしたらほぐすことができるだろうか、安心してお話ししてもらえるだろうか、ということです。

近所でよく見かける顔見知り同士が、そのうち挨拶するようになったり、ちょっとした世間話ができるようになり、気づいたら友達になっていたからちょっとした相談もできた、というようなイメージを持っています。

しかし、それはやはりあくまでも私の勝手な理想であるという意味で、印象に残っているエピソードがあります。

公園で長期間過ごされている方に挨拶をした時のことですが、「あなたと話すことはありません」と、硬い表情で言われたことがあります。その言葉に、これまでのさまざまなご経験で、地層のように積み重ねられた人に対する「不信感の塊」を感じました。

——よかったら、路上生活者に関してお子さんたちの反応も教えてください。

子どもたちはまだ小さく、よく理解できていない部分が多いとは思うのですが、私が立ち止まって街で見かけた気になる人を見ていたりすると、「あの人、おうちがないのかな？」ときいてくるようになりました。

——地域の住民の方々は、路上生活者にどのように接しているでしょうか。丸茂さんが路上生活者に声をかけていることについて、地域の方からの反応はありますか。

地域の方の対応も十人十色と感じています。

「あの人はあそこにいつも居て一人でしゃべっている。あまり近づかないほうがいいよ」と言う方もいらっしゃいますし、一方で、通報されて公園に居られなくなった方をなんとかできないか……と心配する方たちもいらっしゃいます。

心配されている方々については、きっかけは何だったのかはよくわからないのですが、公園で生活されていた方とよく世間話をされてきたようで、その方について本当によくご存知でした。まずは相手に関心を持って知ることで、私たちの中にある偏見や思い込みではない見方で接することができるんだな、ということをあらためて実感しました。

また、ある地域では公園で生活されていた方と公園に遊びに来ていた近所の方とがトラブルとなり、遊びに来ていた側が警察に通報した、ということがあったそうです。公園で生活されていた方は警官から注意を受けたことで「もうここの公園には来ません」と言い、どこに行ったかわからなくなりました。
その後、通報した方が、私が声かけをしてシェルターへおつなぎしていることを知って、「通報ではなく『支援』という手段もあるんですね」とおっしゃっていたと、人づてに聞いたことがあります。

◆制度の狭間にいる人には行き届かない支援

——コロナ禍で特に気になったことはありますか。

仕事や家を失ってしまった方が路上生活となり、「自分も特別定額給付金をもらえたら生活を立て直せるかもしれない。仕事がしたい。でも携帯も止まってしまっているし、住民票も残っているかどうか」と肩を落とされていた方がいらっしゃいました。
そういう方にこそ届けたい給付金なのではないか？　と思うのですが……。コロナという緊急事態であっても、制度の狭間にいる人や本当に必要としている人にはそうした支援が行き届かない、ということに疑問に感じています。

——丸茂さんは、中野区健康福祉審議会の地域福祉部会にも公募委員として参加されています。部会に参加しての感想は？

私は独身の頃から中野区に住んでいます。結婚して子どもが生まれ、地元で過ごす時間が増えるにつれて、自宅と職場の往復だけをしていた頃には気がつかなかった地域の課題が見えてくるようになりました。住民と行政の垣根を超えて、一緒になって知恵を出し合いこの街を良くしていきたい、という思いで勉強しながらですが部会に参加しています。

一区民の目線から、生活していて感じていること、こうしたら良いのではないか、など話してみてはいますが、言いっぱなしではなく、委員も区職員ももっと建設的な意見交換ができたらいいなと思うのと、そこでまとめられた報告書がただの「絵に描いた餅」ではなく、実践レベルで「まちづくり」に生かされていってほしいなと願っています。

――今後、中野をどのような街にしていきたいですか。

よく言われることですが、人に優しいまち。ここに住んでいる一人一人がお互いを思いやり、大切にしあえる街であったらいいなと思います。

丸茂さんは、子どもへの虐待の問題を学ぶ中で、「一人で頑張らなくていい」とか、「誰かを頼っていい」というメッセージに接することが多いが、その一方でその子どもたちが大人になり、社会に出て、生活に困った時に、助けを求めても支援が得られない社会になっているのではないか、という疑問を抱いたと語っていた。

「路上生活の人たちに対して、社会はネグレクトしているのではないか、と思うんですね。自分は『ネグレクトしてはいけない』と子どもの分野では勉強しているんだけど、今、社会では逆のことが起こっていると思うんです。でも、自分もその社会の一員なんですよね。自分がちょっとでも見て見ぬふりをすることで、ネグレクトの加害者になってしまうんじゃないかと。そこにもっと気づいてほしいと思います」と、お話されていたのが印象的だった。

近年、「子どもの貧困」に関する社会の関心は高まっているが、その一方でホームレス問題など「大人の貧困」の問題には、依然として無関心な人、自己責任論を振りかざす人も少なくない。丸茂さんのように「見て見ぬふり」をやめて、日常生活の中で自分のできることを始める人が増えれば、地域の中で孤立する人は減っていくだろう。

コロナ禍は、さまざまなレベルで社会の分断をもたらしたが、同時に、孤立する人たちに手を差し伸べようという新たな連帯の動きも自発的に起こりつつある。

そこに希望を見いだしたい。

【2020年11月】年末の貧困危機、派遣村より大事なことは？

「この年末年始には、年越し派遣村のような取り組みをするのですか」と、報道関係者から質問される機会が増えてきた。

コロナ禍の第三波が日本列島を襲い、経済の疲弊と雇用の悪化が長期化する中、生活に困窮し、新たに住まいを失う人が増加しつつある。

東京・池袋でホームレス支援を続けるNPO法人TENOHASIが定期的に実施している炊き出しの場では、10月以降、通常時の1・5倍にあたる約270人が集まるようになっている。都内の他地域の炊き出し現場でも同様の傾向にあると聞く。

私たち、都内の生活困窮者支援団体の関係者は、最悪の場合、この冬にホームレス化する生活困窮者が急増するという事態が発生することも想定し、年末年始の支援体制について、すでに協議を始めている。

だが、コロナの感染リスクを考慮すると、かつての「年越し派遣村」のような宿泊を伴う大規模な相談会は、実施が困難であると言わざるをえない。どのような形での支援なら可能なのか、現在、検討を進めているところである。

貧困の危機が迫ると、民間の支援団体の活動に注目が集まるのは、自然なことなのかもしれない。しかし、メディア関係者の方々にお願いしたいのは、「この年末年始の対策をどうするのか」という同じ質問を政府や自治体の担当者にもぶつけてほしいということだ。

菅義偉首相は、「まずは、自分でやってみる。自分でできることは基本的には自分でやる、自分ができなくなったら家族とかあるいは地域で協力してもらう、それができなかったら必ず国が守ってくれる」という「自助、共助、公助」の3段階論を好んで主張しているが、私たち民間の支援者が「共助」の活動を進めているのは、目の前で困窮している人を支えるためであって、「公助」の防波堤になるためではない。

実際、私たちは今春以降、民間での緊急支援活動を展開しながら、政府に対して何度も貧困対策の強化を要望してきた。

メディア関係者は、「公助」を「自助」や「共助」の影に隠そうとする動きに加担することなく、人々の住まいと暮らしを守るという公的な責任を政治が果たしているのか、という視点を持って、貧困をめぐる報道に努めてほしいと願っている。

◆住宅支援の拡充を求める緊急要請書を提出

幸い、冬が近づくにつれ、希望の持てる動きも出てきている。

私が世話人を務める「住まいの貧困に取り組むネットワーク」は、11月19日、住居確保給付金の支給期間の延長等、住宅支援の拡充を求める緊急要請書を厚生労働省に提出した。

住居確保給付金は、失業や減収により家賃の支払いが困難になった人に、自治体が一定額を上限に家賃を補助する制度である。昨年度は年間5千件程度の利用しかなかったが、今年4月以降、支給決定件数が急増し、9月までの支給決定件数は約10万4千件に上っている。

しかし、この給付金の支給期間は原則3ヶ月、最大でも9ヶ月となっている。そのため、12月以降、支援がストップして、住まいを失う人が続出することが懸念されている。

私たちは9月25日にも、住居確保給付金の支給期間の延長を求める申入れを行ったが、その際、厚生労働省の担当者からは明確な回答がなかった。

その後、野党だけではなく、与党からも給付金の支給期間の延長を求める声が相次いだ。

公明党の新型コロナウイルス感染症対策本部と政務調査会は10月27日、首相官邸で菅義偉首相に面会し、感染防止と社会・経済活動の両立に向けた今後の支援策に関する提言を手渡した。

この中で、住居確保給付金についても支給期間の延長を11月中に決定するよう要請した。

自民党の賃貸住宅対策議員連盟（ちんたい議連）が11月12日に開催した総会でも、議員から出席し

写真3-1　11月19日、緊急要請書を厚生労働省に提出　提供：住まいの貧困に取り組むネットワーク

た厚労省の担当者に対して、住居確保給付金の支給期間延長を求める声が寄せられた。担当者からは「財源の確保に努める」という回答があったという。

11月19日の私たちの緊急要請に対して、厚労省の担当者からは「支給期間延長について与野党を含め各方面から要望が出ていることは承知している。関係部局を含めて、今まさに検討している」という回答があった。

「関係部局」とは財務省を指していると思われ、政策の具体化に向けて動き出している様子がうかがわれる発言であった。

給付金の支給期間の延長がなされれば、生活困窮者のホームレス化を防止する一定の歯止めとなるであろう。早急な決断を求めていきたい。

※追記

２０２０年12月、厚生労働省は「令和２年度中に新たに住居確保給付金を申請した者の支給期間を、最長９ヶ月から最長12ヶ月へ延長することを可能とする」という決定を行ったが、９ヶ月から12ヶ月への延長については、「令和３年１月から求職活動を実施していただくこと」等の要件が付与された。

◆東京都も年末年始対策へ動き

また、東京都も年末年始対策の実施に向けて動き出している。

報道によると、東京都は、失業などで住まいを喪失した生活困窮者のための緊急対策として、12月21日から1ヶ月間、1日あたり1千室のビジネスホテルを確保して、緊急宿泊支援に活用するという方針を固めた。都は、11月30日から開会される都議会に総額約2308億円の補正予算案を提出する予定だが、このうち約5億円を緊急宿泊支援に充てる予定だという。

実は、都内のホームレス支援団体の関係者は、この間、都に年末年始の緊急対策の実施を要望する準備を進めており、都の福祉保健局の担当者との間で、11月30日に要望書を提出するためのアポも取っていた。

今回、都が私たちの要望に先立つ形で方針を発表したことは歓迎すべきことだが、私が手放しで喜べないのは、今年4月から7月にかけて都が実施した同様の緊急宿泊支援で問題点が続出したのを思い起こすからだ。

以前にも報告したように、この4月、緊急事態宣言のもとでネットカフェに休業要請が行われたことを受け、都内では約4千人と推計されるネットカフェ生活者が一斉に行き場を失うという事態が発生した。

東京都は私たちの緊急要請に応える形で、ビジネスホテルを活用した緊急宿泊支援を実施したが、私たちのもとには「都の窓口に相談に行ったものの、支援の対象外であると言われて、ホテルに入れなかった」という相談が多数寄せられた。

事業開始時には、宿泊支援を受けられる対象者が「都内のネットカフェ等に6ヶ月以上、滞在していた人」に限定されていたため、6ヶ月以上いたことを証明できない人たちが制度から排除されてしまったのである。

4月下旬以降、私たちの抗議・申入れを受けて、「6ヶ月未満」の人もホテルに入れるようになったが、その後も「一定の期間内に経済的に自立する見込みがない」とされた人が窓口で排除される等、私たちから見ると「意図的に対象者を絞り込んでいる」としか考えられないような対応が続くことになった。

◆次々と問題点が発生した今春の東京都の緊急宿泊支援

また、ビジネスホテルの提供は東京都の専用窓口だけでなく、都内の区市の生活困窮者自立支援制度の窓口でも受付が行われたが、どこの窓口で受付をしたかによって、その後の待遇が大きく異なるという格差も生じた。

都の窓口からホテルに入った人には弁当が支給され、ホテル退所後には一時的な住居の提供もなされたのに対して、区市で受付をした人には食事が提供されず、住宅支援も実施されなかったのである。さらに新宿区では、自区の窓口で受け付けた人の宿泊支援を6月末で一方的に打ち切るという問題も発生した。ホテルを借り上げている東京都が7月以降の宿泊延長を決めていたのにもかかわらず、区の独自判断で全員をチェックアウトさせ、実質的に87人の支援を打ち切ったのである。

この点については、私たちが抗議した結果、区長が謝罪する事態になった。新宿区は支援を打ち切った人々に個別に連絡をとり、連絡がついた人の宿泊支援は再開されたが、そのまま行方がわからなくなってしまった人も数人いたようである。

さらには各区・市の生活保護の窓口でも混乱が生じた。

都が確保したビジネスホテルは、生活保護を新規に申請した人も使えるようになっていたが、一部の自治体では申請者にホテルを使わせず、相部屋の民間施設へ誘導しようとする動きが露骨に見られた。中には、「生活保護の申請者にはホテルは使えなくなった」と嘘の説明をする区もあったほどである。

このように、4月から7月にかけて実施された東京都の緊急宿泊支援では、さまざまな問題点が次から次へと生じ、そのたびに私たちがもぐら叩きのように抗議・申入れをするという状況が続いた。

◆今こそ、公助の出番だ

私は緊急事態宣言下において、東京都がビジネスホテルを活用した緊急宿泊支援に踏み切ったこと自体は高く評価しているが、残念ながら、現場レベルでは当事者にとっては非常にわかりづらく、使いづらい対策になってしまったと考えている。

そのため、東京都による年末年始対策は、今春の事業の反省を踏まえて実施してほしいと願っている。

そのため、11月30日には都に対して具体的な運用にまで踏み込んだ要望を行う予定である。

冬の寒い時期に大勢の人が路頭に迷う事態は避けたい、という思いは、官と民の立場の違い、政治的な立場の違いを越えて、共有されているはずだ。

人々が路上に押し出されてしまえば、「年越し派遣村」のような大規模な民間の支援事業を実施しなくてはならなくなるだろう。

しかし、望ましいのは、民間が事後的なサポートに奔走する事態になることではなく、政府や東京都が実効性のある対策を講じ、年末年始の危機を回避できる状況になることだ。

そのためには、多くの人々が「今こそ、公助の出番だ」と声をあげることが必要だ。ぜひご協力をお願いしたい。

第4章

2020〜21年冬

【2020年12月】コロナ禍の年末、生活保護行政に変化の兆し

「生活保護の申請は国民の権利です。生活保護を必要とする可能性はどなたにもあるものですので、ためらわずにご相談ください」

12月22日、厚生労働省は生活に困窮している人に生活保護の利用を促す異例のメッセージをホームページに掲載した。

新設された「生活保護を申請したい方へ」というページでは、上記のメッセージが白抜きの字で大きく掲示されており、全国の福祉事務所の一覧をまとめたPDF（https://www.mhlw.go.jp/stf/seisakunitsuite/bunya/hukushi_kaigo/seikatsuhogo/seikatsuhogopage.html）も新たにアップされた。

厚生労働省が社会保障制度の利用を促す広報を行うの

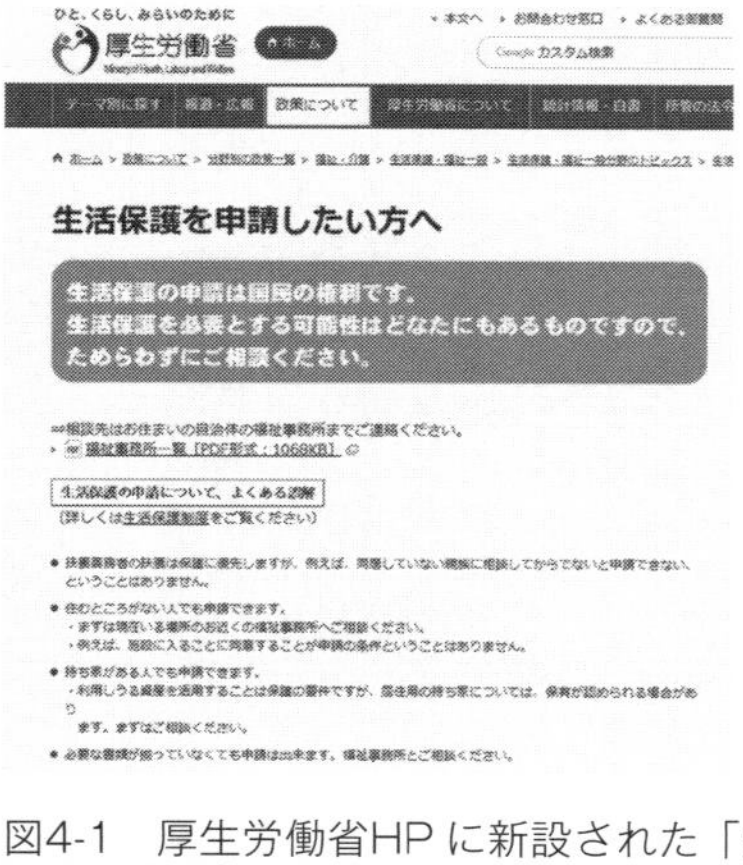

図4-1　厚生労働省HPに新設された「生活保護を申請したい方へ」

は、ある意味、当たり前のことである。

だが、こと生活保護制度に限っては、この当たり前のことが行われてこなかった歴史がある。

私たち生活困窮者支援団体の関係者は、今春以降、コロナの経済的影響で仕事と住まいを失う人々の緊急支援に取り組んできた。

しかし相談現場では、住まいを失い、路上生活となり、所持金が数十円、数百円になった方からも、「生活保護だけは受けたくない」と言われることが多く、対応に苦慮している。

その背景には、一部の政治家が主導する形で生活保護へのバッシングが繰り返された結果、制度のマイナスイメージが広がってしまっているという問題がある。そのため、自分が権利として利用してもよいと思えない人が多いのだ。

そうした社会の空気を変えていく意味で、厚生労働省が制度利用を権利であると明言した意義は大きい。

私は今回の方針転換を大いに歓迎し、政府がさらに広報を強化していくことを求めていきたい。インターネットにアクセスしない層に働きかけるために、駅の広告やテレビコマーシャルといった手法も導入してほしいと願っている。

私たち、生活保護制度の改善を求めてきた反貧困運動の関係者は、長年、政府に対して、生活保護制度の積極的な広報を行うことを求めてきたが、これまで厚生労働省が積極的に動くことはなかった。特に今春以降は、コロナ禍の経済的影響により貧困が拡大している状況を踏まえ、各団体が何度も同様の要望を行ってきた。

だが、厚生労働省は他の貧困対策の制度（社会福祉協議会の貸付制度や住居確保給付金）の広報については、ホームページ上に特設ページを作るなど、力を入れてきたが、生活に困窮した人を支える最後のセーフティネットである生活保護制度については、目立った広報を行ってこなかった。

◆国会で生活保護制度の問題が取り上げられ、風向き変わる

風向きが変わったのは、今年6月、この問題が国会で取り上げられたことがきっかけだった。

6月15日、田村智子議員（日本共産党）が参議院決算委員会で、過去に一部の政党が生活保護バッシングを行ったことが生活保護利用への心理的なハードルを上げていると指摘し、公的扶助制度の積極的活用を呼びかけているドイツに見習って、安倍晋三首相（当時）が率先して制度の利用を呼びかけてほしいと要請したのである。

安倍首相はこれに対して、「生活保護に攻撃的な言質を弄しているのは、自民党ではない」と反論しながらも、「文化的な生活をおくる権利があるので、ためらわずに（生活保護を）申請してほしい。われわれもさまざまな機関を活用して国民に働きかけていきたい」と、珍しく明瞭な答弁を行った。

この国会でのやりとりを受ける形で、厚生労働省はホームページ上にアップしている「生活を支えるための支援のご案内」というパンフレットを一部改訂した。

パンフレットの生活保護に関するページに、「生活保護の申請は国民の権利です。生活保護を必要とする可能性はどなたにもあるものですので、ためらわずにご相談ください」という文言が新たに追

加されたのである。

これは、政府の姿勢の変化を示すものであったが、30ページ以上あるＰＤＦの１ページの記載が変更されたに過ぎず、ホームページを閲覧する人にわかりやすく広報をするものではなかった。

その後も、定期的に電話相談会を開催している法律家のグループや、全国の40団体以上が集まる「新型コロナ災害緊急アクション」は、生活保護に関する広報の強化を厚生労働省に要望してきた。

こうした度重なる要請が今回の方針転換に影響を与えたのは間違いない。

ただ、「国民の権利」という言葉からは、外国人が排除されているという問題がある。現在、コロナ禍の影響で外国人の生活困窮は非常に深刻な状況にあるが、現行の制度では生活保護を利用できるのは一部の在留資格を持つ外国人に限定されており、その利用も権利ではなく恩恵とされている。厚生労働省には、困窮する外国人が活用できるセーフティネットをどう整備するのか、という課題にもぜひ取り組んでほしいと願っている。

◆水際作戦の根絶のために申請支援システムを開発

厚生労働省が生活保護制度の積極的広報を始めたというニュースは、ＳＮＳ上で話題になったが、広報を見た人が役所の窓口まで行って、きちんと対応をしてくれるのか、という不安の声も一部に出ていた。

役所の窓口で生活保護の相談に来た人を追い返したり、たらい回しにしたりすることは水際作戦と呼ばれているが、私たちはこの間、厚生労働省の保護課に対して、一部の自治体で依然として水際作戦が行われているという実態を伝え、その根絶を訴えてきた。

この水際作戦を終わらせるため、私が代表理事を務める一般社団法人つくろい東京ファンドが独自に開発したのが、生活保護申請支援システム「フミダン」(https://fumidan.org/)である。

「フミダン」は、生活保護の申請を希望する人がオンライン上で必要事項を記入すれば、(1)申請書のPDFを作成することができ、(2)最寄りの自治体の福祉事務所のファクス機に申請書を送信することができるという機能を備えたウェブサイトである。

(1)の機能を備えたサイトは12月15日から公開しており、(2)の機能についても東京23区限定で12月29日から運用を開始した。

図4-2　生活保護申請支援システム「フミダン」

私はこれまで27年間、路上生活者を中心に生活困窮者の生活保護申請の同行を行ってきた。同行した人数は3千人を超えるが、本来は私たちのような支援者が同行しなくても、生活に困っている方は一人でスムーズに申請できる状況になることが望ましいと考えている。

生活保護における水際作戦とは、申請をしても却下をされることではなく、申請行為自体をさせないことである。

通常、住民が住民票や印鑑証明などの公的書類を取得するために役所を訪れる場合、それらの手続きのための申請書は手に取れる場所に置いてあり、あらかじめ申請書に記入をした上で窓口に提出するという方法が一般的である。

しかし、生活保護の申請書については、役所を訪れた人が手に取れる場所に設置している自治体は、ほとんど存在しない。

生活保護を利用したいと思う人は、まず相談カードを提出した上で、「相談」という形で相談員との面談を受けなければならない。

自治体によって対応に差はあるが、この「相談」が水際作戦の温床になっている現状がある。相談者が申請書を手にするには、「相談」をくぐり抜けなければならないからだ。

相談員の中には、相談者の生活や仕事の状況を事細かく聞き取った上で、申請書を最後まで持って来ることなく、「では、がんばって仕事を探してください」と突き放す人もいる。また、「若い人は受けられない」、「住まいがない人は住民票のあるところで相談してください」等と虚偽の説明をして、追い返そうとする相談員もいる。

厚生労働省は、これまで各自治体に対して、申請権の侵害はあってはならないこと、申請権を侵害していると見られるような行為も厳に慎むように、と何度も通知を出しているが、いまだに水際作戦は根絶されていない。

生活保護の申請は、特定の方式によらなくてもよい「非要式行為」とされており、申請の意思が明確であれば、口頭でも有効であるとされている。申請書の用紙も、役所のフォーマット以外でも有効なので、私たち支援者が同行する際は、事前に独自の申請書に必要事項を記載してもらった上で窓口に持って行くことにしている。

「フミダン」では、この申請書のＰＤＦをホームページ上で簡易に作ることができる。申請をしたい人は各自、ＰＤＦをプリントアウトして、窓口に持って行けばよいことになる。

また、インターネットファクスの機能を使ってファクス申請をすれば、「相談」をスキップできるので、送信をした時点で申請行為が完了したことになる。

私たちが「フミダン」を開発した目的は、水際作戦を無効化し、窓口での不毛なやりとりをなくすことにある。

◆あらためてオンライン申請の導入を要請

つくろい東京ファンドは12月15日、「フミダン」開設にあたって、厚生労働省の保護課の担当者と面談し、要望書を提出した。要望書では、主に以下の点を要請した。

・生活保護のファクス申請に対して、各福祉事務所の対応に差が生じないよう、各自治体に対して、ファクス申請を通常の申請と同様に扱い、ファクスの受信日を申請日として扱うことを求める通知を発出すること。

・厚生労働省のウェブサイトに全国の全ての福祉事務所のファクス番号を記載したリストを掲載すること。

・厚生労働省として、生活保護のオンライン申請の導入の検討を始めること。

このうち、1点目のファクス申請は有効であり、その場合、申請書の到達日であるファクスの受信日が申請日となるということを確認できた。

この点については後日、東京都からも同じ見解が示された。

2点目の各福祉事務所のファクス番号のリスト掲載は、各自治体の了承を得る必要があるので難しいという回答だった。

だが今回、新設された「生活保護を申請したい方へ」というページでは、ファクス番号は直接出ていないが、全国の福祉事務所のホームページURLを記載したリストが公開された。

3点目の国としてのオンライン申請の導入については、検討は始まっているものの、まだ保護課内部での検討にとどまっているという回答であった。

諸外国では、社会保障制度をオンライン申請できる仕組みが次々と導入されている。ぜひ日本でも、福祉制度のDX（デジタルトランスフォーメーション）を加速化してほしい。

厚生労働省が新設した「生活保護を申請したい人へ」のページで、私が注目しているのは、「生活保護の申請について、よくある誤解」という項目である。

そこには以下の4つが「よくある誤解」として例示されている。

・扶養義務者の扶養は保護に優先しますが、例えば、同居していない親族に相談してからでないと申請できない、ということはありません。
・住むところがない人でも申請できます。
まずは現在いる場所のお近くの福祉事務所へご相談ください。
例えば、施設に入ることに同意することが申請の条件ということはありません。
・持ち家がある人でも申請できます。
利用しうる資産を活用することは保護の要件ですが、居住用の持ち家については、保有が認められる場合があります。まずはご相談ください。
・必要な書類が揃っていなくても申請はできます。福祉事務所とご相談ください。

これらの記述は、生活に困窮している当事者向けに書かれたものであるが、同時に厚生労働省から各自治体の福祉事務所に向けたメッセージでもあるのではないか、と私は推察している。なぜなら、ここで書かれていることは、私たちが保護課の担当者に「よくある水際作戦の事例」として伝えた内容とそっくりだからである。そのことを踏まえると、国が自治体に「こういう水際作戦をしないように」と釘を刺しているようにも読むことができるだろう。

そういう意図がないとしても、厚生労働省がこれらを「誤解」と明示したことは、水際作戦を抑止する力になるだろう。窓口で追い返されそうになったら、スマートフォンでこのページを見せればよいからだ。私たちの支援現場でもぜひ活用したいと考えている。

制度利用への心理的ハードルが低くなり、水際作戦がなくなれば、生活保護制度も他の制度と同様に、必要な時に遠慮なく使える制度になるはずだ。そんな「普通」の制度になるために働きかけを続けていきたい。

【2021年1月】底が抜けた貧困、届かぬ公助
──コロナ禍の年越し炊き出し会場の異変

この冬、全国各地で続けられている生活困窮者支援の現場で異変が生じている。支援を求めて集まる人が増加しているのに加え、従来とは異なる層の人たちが炊き出しの列に並ぶという現象が起こっているのだ。

この正月、東京・四谷の聖イグナチオ教会のホールを借りて、「年越し大人食堂」という企画が2日間（1月1日と3日）、開催された。

仕事が途切れ、公的な福祉の窓口も閉まる年末年始は、生活困窮者にとって厳しい時期である。「年越し大人食堂」は、その時期に温かい食事を介して気軽に相談できる場を作ろうという趣旨で、一年前の年末年始に初めて私たちが企画したものである。この時は、普段、ネットカフェに暮らしている若者や路上生活の高齢者など、各回数十人が集まり、料理研究家の枝元なほみさんが作ってくれた美味しい食事をみんなでいただいた。

それから1年。コロナ禍の影響で貧困が急拡大する中で開催された今回の「年越し大人食堂」には、

元旦に270人、3日に318人と、前年の数倍にのぼる人が集まった。

コロナ対策のため、今回はお弁当の配布という形になったが、枝元さんがボランティアとともに奮闘し、各回300～400食ものお弁当を作ってくれ、全員に食事を提供することができた。

会場には中高年の男性の姿に混じって、お子さん連れで来た人や若者、外国人の姿も目立っていた。話を聞くと、3人家族の全員が食べ物の確保に苦労をしており、各地の炊き出しをはしごして食料を集めている、という声もあった。

老若男女が食事を求めて列を作る光景は、飢餓レベルの貧困が広がり、私たちの社会の底が完全に抜けてしまっていることを意味していた。それは、これまで生活困窮者支援を27年間続けてきた私も見たことがない光景だった。

写真4-1　「年越し大人食堂」のお弁当

◆行政窓口の年末年始対応が一部で実現、支援の力に

お弁当が配布されている会場の隣のホールで開催された生活・労働・医療・法律に関する相談会にも、元旦に45人、3日に72人もの方が相談に訪れた。相談会でも、所持金がすでに尽きている、充分な食事も摂れていない等、深刻な内容の相談が多かった。

コロナ禍の影響で貧困が拡大する中で年末年始を迎えるにあたり、厚生労働省は各自治体に対して、通常、閉庁期間となる年末年始も福祉の窓口を開けておくことを依頼していた。この呼びかけに応える形で、東京都内でも一部の区市が年末年始期間も日を決めて窓口を開けるという対応を行った。特に豊島区と江戸川区は、年末年始の6日間、休みなく窓口を開けて、生活保護の申請を受け付けたり、住まいのない人に東京都が用意したビジネスホテルを紹介したりという対応をしてくれた。

一部の区が窓口を開けてくれたおかげで、年越し大人食堂等、年末年始に各支援団体が開催した相談会では、現場からすぐに行政の窓口に行き、公的支援につなげるという対応が可能になった。

写真4-2　生活・労働・医療・法律に関する相談会

コロナ禍という特殊な状況とは言え、人々の命と生活を守るために、これらの自治体が積極的な対応を行ったことは特筆すべきことである。こうした動きが来年度以降もぜひ広がってほしいと願っている。

◆生活保護の利用を忌避する要因は何か

だが、ここでもネックになったのは、相談者の中に生活保護の申請を忌避する人が多いということであった。

「生活保護だけは受けたくない。他に方法はないでしょうか」

昨年春以降、生活困窮者支援の現場で、この言葉を何度聞いたであろうか。

年末年始の活動でも、すでに住まいがなく、所持金が数十円、数百円しかないという状態の人から同じ言葉を聞かされる機会が多々あった。

この忌避感の背景を探るため、私が代表理事を務める一般社団法人つくろい東京ファンドでは、年末年始の各相談会に来ている人を対象に緊急のアンケート調査を実施した。

このアンケート調査には、165世帯の回答があり、うち男性は150人（90・9％）、女性は13人（7・9％）、その他・無回答が2人（1・2％）であった。

アンケートの回答者は食料支援や生活相談のために相談会会場に来ていた方々なので、生活に困窮している状態にあり、ほとんどが生活保護の利用要件を満たしていると推察される。

しかし、現在、生活保護を利用していると答えた人は全体の22・4％にとどまった。13・3％は、過去に利用していたが、現在は利用していないと答え、64・2％は一度も利用していないと回答した。

路上や公園、ネットカフェ、カプセルホテル等の不安定な居所に暮らす不安定居住層は、回答者全

利用していない理由の回答（複数回答可）

	利用できないと思う	役所の対応	家族	相部屋	自分の力	その他	無回答
B（過去利用）（%）	0.0	59.1	31.8	40.9	13.6	13.6	4.5
C（利用歴なし）（%）	17.0	15.1	34.9	14.2	21.7	32.1	10.4
計（%）	14.1	22.7	34.4	18.6	20.3	28.9	9.4

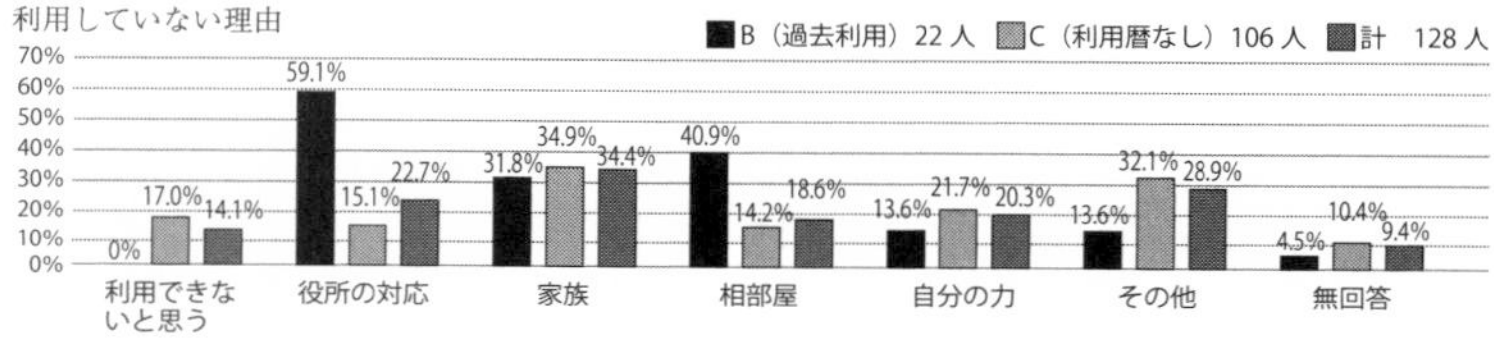

図4-3　生活保護を利用していない理由についての集計結果

制度や運用が変わったら利用したいかの回答（複数回答可）

	親族	アパート	その他	どう変わってもダメ	無回答
B（過去利用）（%）	27.3	36.4	9.1	9.1	45.5
C（利用歴なし）（%）	42.5	28.3	17.9	4.7	34.9
計（%）	39.8	29.7	16.4	5.5	36.7

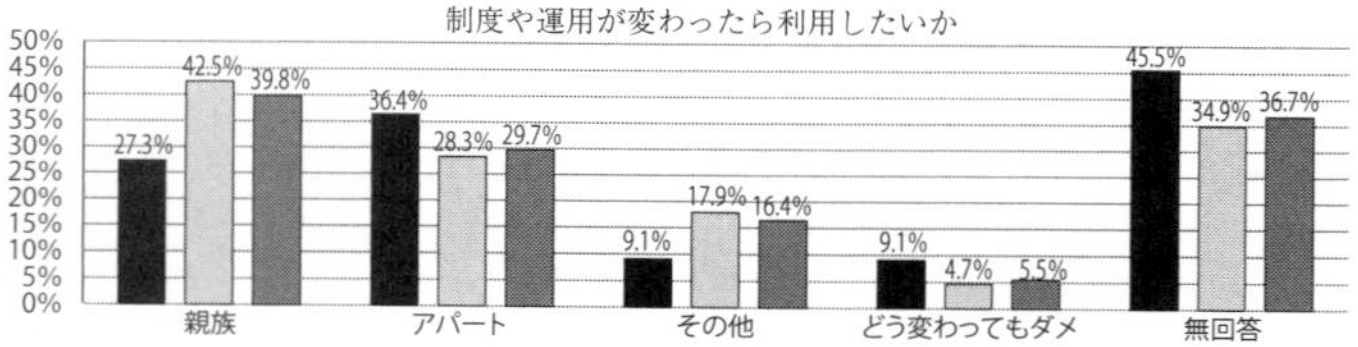

図4-4 「生活保護の制度や運用が以下のように変わったら利用したいですか？」についての集計結果

扶養照会への抵抗感

	あった	なかった	無回答	計
A（現在利用）（%）	51.3	45.9	2.7	100.0
B（過去利用）（%）	59.1	22.7	18.1	100.0
計（%）	54.2	37.3	8.5	100.0

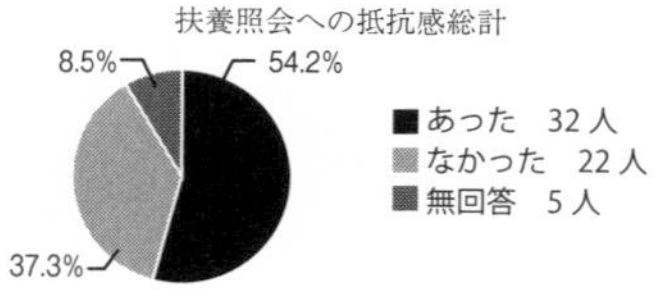

図4-5　生活保護の扶養照会に抵抗感があったかどうかについての集計結果
提供（図4-3～5）：つくろい東京ファンド

体のうち52・1％、生活保護利用歴なしの人々の中では54・7％を占めていた。

現在、生活保護を利用していない人（128人）に、利用していない理由を聞いたところ、最も多かった回答は、「家族に知られるのが嫌だから」で34・4％にのぼった。20～50代に限定すると、「家族に知られるのが嫌だから」は77人中33人（42・9％）にのぼっていた。

多い回答としては、「相部屋の施設に入所するのが嫌だから」（18・6％）があった。不安定居住層では、「相部屋が嫌」をあげた人が74人中21人（28・4％）を占めていた。

「生活保護の制度や運用が以下のように変わったら利用したいですか？」という問いに対しても、「親族に知られることがないなら利用したい」という選択肢を選んだ人が最も多く、全体の約4割にのぼった。「すぐにアパートに入れるなら利用したい」を選んだ人も約3割いた。

◆最大の阻害要因である扶養照会

また、現在、もしくは過去に生活保護の利用歴のある人たち（59人）に、扶養照会に抵抗感があったかどうかを聞いたところ、「抵抗感があった」と回答した人は54・2％で半数以上にのぼった。

扶養照会とは、福祉事務所が生活保護を申請した人の親族に「援助が可能かどうか」と問い合わせることである。照会は通常、2親等以内（親・子・きょうだい・祖父母・孫）の親族に対して、援助の可否を問う手紙が郵送される。過去におじやおばと一緒に暮らしていた等の特別な事情がある場合は、3親等の親族に連絡が行くこともある。

問い合わせの結果、親族が生活保護基準を上回る金額を援助するということになれば、「民法（明治二十九年法律第八十九号）に定める扶養義務者の扶養及び他の法律に定める扶助は、すべてこの法律による保護に優先して行われるものとする。」という生活保護法4条2項の規定に基づいて、親族による扶養が優先されることになる。

厚生労働省は、DVや虐待があった場合は問い合わせを行わず、20年以上、音信不通だった場合や親族が70歳以上の場合など、明らかに扶養が見込めない場合は問い合わせをしなくてもよいと各自治体に通知をしているが、この通知を遵守せず、「申請したら親族に連絡をさせてもらう」と言って、申請をあきらめさせようとする自治体も一部に存在している。

生活保護の利用歴のある人からは、この扶養照会について以下のような声が寄せられた。福祉事務所が親族に連絡をとった結果、親族との関係が悪化したと話していた声も複数あった。

・家族から縁を切られるのではと思った。
・親子の関係切れてる人ほとんど。放っておいてほしい。
・知られたくない。田舎だから親戚にも知られてしまう。
・困ります。一回きょうだいが迎えに来て困った。その時もお金を一回置いていっただけ。どうにもならない。
・以前利用した際、不仲の親に連絡された。妹には絶縁され、親は「援助する」と答え（申請が却下された。実家に戻ったら親は面倒など見てくれず、路上生活に。

・はずかしい。やるせない。
・嫌ですよ、そりゃね。両親は亡くなってるが、きょうだいはもう別々なので。
・嫌だった。追い返され諦めていた。もう一回申請するか悩んでいるが、扶養照会が嫌。

現在、利用していない人からも下記のような声が寄せられ、この仕組みが制度利用の阻害要因になっていることが浮き彫りになった。

・（親族に）知られたらつきあいができなくなってしまう。
・今の姿を自分の娘に知られたくない。
・都内にきょうだいが4人もいる。扶養を受けろといわれる。
・親があれば親を捨て、車があれば車を捨てる。保護のイメージ。
・親に心配されたくない、地元に戻ってこいと言われかねない。
・扶養照会があるから利用できないでいる。

私は、扶養照会は生活保護申請のハードルを上げるだけで、有害無益であると考えている。家族関係が希薄化している現代社会では、照会をしても実際の扶養に結びつく例はほとんどないことがわかっているからだ。

足立区によると、2019年度の生活保護新規申請件数は2275件だったが、そのうち扶養照会によって実際の扶養に結びついたのはわずか7件（0・3％）だったという。荒川区に至っては、2018年度、2019年度とも扶養照会によって実際の扶養に結びついた件数はゼロであった。都市部の自治体では、どこも同様の傾向にあると考えられる。

自治体によっては、申請者の親族関係を調査するため、専門の職員を雇用しているところも存在する。それでこの実績なのだから、調査にかけた職員の人件費や、問い合わせのための郵便の送料等がほとんど全部、無駄になったことになる。

◆撤廃に向け、まずは運用限定を

私は前時代的な扶養照会という仕組み自体をなくすべきだと考えているが、現在の政治状況ではすぐに完全撤廃することは難しいと判断している。

2012年には芸能人の親族が生活保護を利用していることを一部の自民党議員が取り上げ、生活保護へのバッシングを展開するという事態が生じた。翌13年には、このバッシングの影響で、福祉事務所が親族への圧力を強化することを可能にする法改正まで行われてしまった。

扶養照会の完全撤廃は、明治時代に作られた民法を現代に合わせて、どう変えるべきかという議論にもつながるため、時間がかかるであろう。

そこで、コロナ禍で生活困窮者が急増しているという現実を踏まえ、まず扶養照会の運用を最小限に限定することを求めたい。

具体的には、生活保護を申請した人が事前に承諾し、明らかに扶養が期待される場合にのみ、照会を実施するとしたらどうだろうか。

これならば、厚生労働省が新たな通知を発出するだけで実現できるはずだ。

私たちは、「困窮者を生活保護制度から遠ざける不要で有害な扶養照会をやめてください！」というネット署名を展開している。ぜひご協力をお願いしたい。

【2021年2月】権利と尊厳が守られる生活保護に
――「三方悪し」の扶養照会の抜本的見直しを

例年のことだが、年末年始の取材ラッシュが終わると、生活困窮者支援の現場には静けさが戻ってくる。

毎年、この時期になると、「マスメディアにとって貧困問題は季節の風物詩扱いなのか」という思いと、「年末年始だけでも注目をしてくれるのであれば、それで良しとすべきなのか」という思いが交錯をしてしまう（一部の報道関係者が努力を続けてくれていることは承知しているが）。

◆民間の努力は限界に近い。公助を叩き起こす必要

しかし、社会的な注目が薄らぐ中で、支援の現場に集まる人

写真4-3　2020年12月31日、東京都豊島区での緊急相談会

の数は増え続けている。

東京都内各地でホームレス支援団体が定期的に実施している食料支援の現場では、年が明けてからも集まる人が増加し続けている。

ＮＰＯ法人TENOHASIによると、２月13日に東池袋中央公園で実施された弁当配布・相談会には、３３６人もの人が列を作ったという。近年では最も多い人数で、コロナ以前と比べると、２倍まで増えたことになる。

ホームレス支援の場で、従来から来ている中高年の男性に加え、若い世代の顔を見かけるのは、もう珍しい出来事ではなくなっている。

集まる人の増加と感染症対策により、支援団体の負担も重くなっている。感染リスクを下げるため、TENOHASIでは通常の炊き出しに替えてパック詰めの弁当を支給しているため、コストは以前の15倍以上かかっているという。

私が代表を務めている一般社団法人つくろい東京ファンドでは、住まいを失う人が増加していることを踏まえて個室シェルターの増設に取り組んでいる。シェルターとして確保している個室はコロナ以前の25室から現在59室まで増加した。シェルター事業を支える人的な体制の整備も進めているが、なかなか追い付かないのが実情だ。

民間で生活困窮者支援に関わるどの団体、どの個人も、急激な貧困拡大に対応すべく、懸命な努力を続けている。だが、その努力も限界に近づきつつあるのではないか、と私は危機感を感じている。

「自助も共助も限界に来ている。今こそ、公助の出番だ」と、私たちは言い続けてきたが、「公助」

の存在感は薄いままだ。

「公助」がどこかで昼寝をしているのであれば、人々が声をあげて叩き起こすしかない。最近、私はその思いを強くしている。

◆菅首相の「最終的には生活保護」発言

そんな「公助」の現状を象徴するようなやりとりが国会であった。

「政府には最終的には生活保護という仕組みがある」

1月27日の参議院予算委員会。菅義偉首相はコロナの影響で生活困窮者が増加していることへの対策を問われた際、このような答弁を行い、批判を浴びた。

生活保護制度は「最後のセーフティネット」であると言われており、菅首相の答弁は教科書的には間違っていない。しかし、現在の社会的・経済的状況のもとで政府の責任者が発する言葉として、この答弁で充分だと考える人はほとんどいないであろう。私たちが政治のリーダーから聞きたいのは、「OK Google」と聞けばわかるような社会保障の基礎知識ではないからだ。菅首相には、生活苦にあえぐ人々に支援の手が届かない実情をどう変えていくのかを具体的に答えてもらいたかった。

私は、現下の貧困拡大に対応するためには、「生活保護の手前の支援策の実施、拡充」と「生活保護そのものを利用しやすくするための改革」の両方が必要だと考えている。

手前の支援策としては、再度の特別定額給付金の支給が必要だと考える。

一律の給付金支給には批判も多いが、「一定の所得以下」や「コロナの影響で減収したこと」等の支給要件を設けると、窓口での審査に時間がかかる、結果的に制度からこぼれ落ちる人が出る、といった問題が生じやすくなる。

即応性を重視し、困っている人を取りこぼさないようにするのであれば、一律の給付が最も現実的である。高額所得者や資産家には後で税金の形で返してもらうのが良いであろう。

また、生活の基盤である住まいを維持・確保できるようにするため、現在の住居確保給付金を見直して、普遍的な家賃補助制度へと改編すること、民間の空き家・空き室を借り上げる形での現物給付型の住宅提供を実施することも求めていきたい。

◆制度の利用を阻む「扶養照会」

他方、生活保護制度には、資産要件の緩和や現場を担う職員の質的量的な拡充、名称変更によるイメージアップ等、改善すべき点はたくさんある。その中で、最も急がれるのは前回の記事でも取り上げた扶養照会の見直しだ。

私たちが年末年始の相談会に来られた生活困窮者を対象に実施したアンケート調査では、生活保護を現在、利用していない人の３人に１人（34・４％）が、利用していない理由として「家族に知られるのが嫌だから」という選択肢を選んでいた。

扶養照会が生活保護の利用を阻害する最大の要因であることがアンケート結果により明らかになっ

ため、私たちは厚生労働大臣に対して、本人の承諾なしで家族に連絡しないよう、扶養照会の運用見直しを求めるネット署名に取り組んでいる。

ネット署名は大きな反響を呼び、2月8日には第一次集約分として3万5806名分の名簿を厚生労働省に提出した。同時に、生活保護問題対策全国会議とつくろい東京ファンドの連名で要望書も提出し、保護課の担当者との意見交換を行った。

要望書では、扶養照会は法的な手続きではないため、厚生労働省が通知を出し直せば、運用を変更できることを指摘した上で、親族に照会するのは「申請者が事前に承諾し、かつ、明らかに扶養義務の履行が期待できる場合に限る」という通知を出してほしいと要望している。

◆扶養照会の当事者から体験談続々

私たちは、ネット署名と同時に、厚生労働省の担当者に扶養照会の実態を知ってもらうため、扶養照会に関わったことのある「当事

写真4-4　扶養照会の運用見直しを求めるネット署名名簿を厚生労働省に提出

写真4-5　提出後の記者会見の模様

者」の体験談もネットで募集した。その結果、150人以上の方から切実な声が寄せられた。

ここで言う「当事者」とは、生活保護の利用経験のある方や生活に困窮していて福祉事務所に相談に行ったことのある方だけではない。福祉事務所から扶養照会の手紙を受け取った親族や、福祉事務所の職員・元職員からも多くの体験談が寄せられた。

以下に、それぞれの立場の「当事者」の声を紹介したい。

生活保護を利用した経験のある方からは、家族に連絡をされることが精神的な苦痛になったという声が多数寄せられた。

・生活保護を申請した際に、その時点で離婚した元嫁と娘の名前、連絡先を書けと言われた。娘が成人した時は扶養照会をすることもあると言われた。拒否したかったが、その時は生活保護申請して生き延びたいので書いた。拒否したかったし、今からでも扶養照会は廃止して、離婚した元家族に心理的負担を負わせたくない。

DVや虐待の被害者からの声も少なくなかった。厚生労働省は以前から、DVや虐待などの事情がある場合は「直接照会は不要」という通知を出しているが、実際には連絡をされてしまい、実害を被ったという声も複数寄せられた。

・申請時、父親に扶養照会すると言われ、DVにより逃げているのでやめてほしいと伝えましたが、規則なので扶養照会しなければ申請は受けられないと言われ、仕方なく了承しました。

福祉事務所からの扶養照会により、父親に居場所がバレてしまい家に何度も押しかけられました。こどもの出産手当一時金を父親の口座振込に変更され奪われたり、保護費を奪われたり、家の中の家電等も奪われました。

今は転居し安心して暮らせていますが、あの時の恐怖は忘れられません。ＤＶ加害者への扶養照会は禁止にしてもらいたいと願います。

この点については、厚生労働省の担当者との話し合いでも焦点となった。

私たちは、ＤＶや虐待などの事情がある場合は、「直接照会は不要」とする現在の通知では、「照会をしてもしなくてもよい」と解釈をしてしまう自治体が出てくるので、明確に禁止してほしいと申し入れた。

担当者からは、「ＤＶや虐待といった事情があるにもかかわらず、親族に連絡をしてしまうようなことはなくしていきたい」という言葉があったが、具体的にどう通知を見直すのかについては検討中という返事だった。

生活に困窮し、福祉事務所に生活保護の相談に行ったが、扶養照会のことを言われたため、申請を諦めたという声も少なくなかった。

・２０１１年、過労により大うつ病になり、同年退職。体が動かないので再就職できず、ＡＶで凌ぐも体調悪化で生活保護相談へ。

その際うつ病の事、ＡＶ等で自助努力していることを伝えた。職員からは何の聞き取りもされず、ただ、私の両親と父の兄弟、母の兄弟、祖父母に扶養照会する事、医者を変えなければいけない事、引っ越しする事と言われた。

両親はリーマンの影響で年収が１００万円まで落ち込んでいたので、私の心配をかけるだけでなく両親に恥をかかせてしまうと思い生活保護申請を諦めた。
・私は当時赤ちゃんを抱えシェルターに保護され、シングルマザーになりました。母子支援担当者に相談をしましたが、働いてください！　の一点張りでした。
生活保護は申請できませんと追い返され、親の職業も聞かれ両親公務員、公務員の何をしているかを聞かれ、職種を伝えましたら、公務員なら親に言え、無理無理無理働けといわれ、取り合ってくれませんでした。親は遠く離れた地に住んでいます。


これらの体験談からは、扶養照会が生活保護の申請を妨げる「水際作戦」に使われている実態がわかる。

この点についても、私たちが指摘したところ、担当者は「扶養照会を水際作戦のツールとして使うような不適切な事例はなくしていきたい」と語っていた。

扶養照会をされた親族からは、40件以上の声が寄せられた。扶養照会により、過去のトラウマがよみがえったという声が少なくなかった。

・父が生活保護を申請した時に郵便で扶養照会が届きました。私の両親は私が小学生の頃に離婚しています。原因は父のギャンブル依存による多額の借金です。両親の離婚後、私も妹も父とは40年以上会ったことも、養育費を貰った事も1度もありません。母子3人で経済的に苦しく、生活保護も受けていました。大学進学も諦めました。妹と相談して一度福祉事務所に電話しましたが、担当者不在だったので、あとはそのまま無視しておきました。その後、福祉事務所からは連絡はありませんが、つらかった子ども時代を思い出させられ、また何故、私たちの住所がわかったのかという疑問で嫌な気分になりました。

・父親とは絶縁して居住地を知らないはずなのに、役所から文書が届きました。生活保護を受ける事は権利だと思いますが、父親に住所を知られる恐怖から、同居する家族と父親をつなげない為には私は死ぬしかないと思いつめるようになり、結果、うつ病を発症しました。親は選べない中でも子供は自分の人生を必死で生きようとしています。市からの文書で、絶望感で死ぬ事ばかり考えるようになりました。扶養照会で生活が一変します。無くしてほしいです。

これらの声から、扶養照会により親族の側も精神的苦痛を強いられている実態が明らかになっている。

◆担当職員からも「弊害」「ストレス」「必要ない」

福祉事務所の現役の職員や元職員からも体験談が送られてきた。ここでは、近畿地方の市役所で働く職員の声を紹介したい。

・10年以上前ですが面接相談員とケースワーカーをしていました。面接相談で、扶養照会は住所がわからなくても、戸籍とって附票から住所探して送りますと言うと、申請を躊躇する人を何人も見ました。ケースワーカーとして扶養照会を送ると、激怒した電話をもらい、二度と連絡してくるなと言われたら、長い長い手紙に相談者からどれだけ迷惑をかけられたか綴ってこられたり、反対にビリビリに破られた扶養照会用紙が返信されたりと非常にストレスでした。扶養、仕送りが実現したことは一度もありません。監査では、親族構成図がない、扶養照会に漏れがあると厳しくチェックされます。ストレスフルで、手間なだけの事務、なくしてほしいです。

他にも、「扶養照会は弊害の方が大きいことが明らか」（現役職員）、「私たちも必要のない業務にはうんざりです。ご家族へのいわれなき軋轢、決定的に絆を断ち切るかもしれない業務は法の目的に反しています」（現役職員）、「申請抑制のための壮大な無駄です」（元職員）といった声が寄せられた。

これらの体験談を読んでいただくと、どの立場の「当事者」にとってもマイナスにしかならない扶養照会の実態がよくわかるであろう。私はこの仕組みを「三方良し」ならぬ「三方悪し」と形容したい。

◆援助につながったのは1・45％。悪影響ばかりの扶養照会

各方面に心理的な負担や実害をかけながらも、扶養照会によって金銭的な援助に結びつくケースは極めて少ないことも明らかになっている。

厚生労働省が2017年8月に実施した扶養調査状況調査によると、この月に全国で実施された扶養調査件数3万8220件のうち、金銭的援助に結びついたのは554件にとどまっている。その割合は、1・45％だ。

大都市部では特にその割合は低く、東京都中野区では2019年度の新規申請世帯数729件のうち186件に扶養照会を実施したが、金銭的援助につながった方は1件のみ（照会件数の0・5％）であった。中野区などの大都市部では、作業効率を踏まえて照会する件数を絞る傾向にあるが、それでもこの割合である。

元職員の方による「申請抑制のための壮大な無駄」という指摘は、まさにその通りであろう。

扶養照会の見直しを求める声に押され、田村憲久厚生労働大臣は、2月4日の衆議院予算委員会で初めて見直しについて言及した。

具体的には、厚生労働省が自治体への通知で親族に照会しないケースとして「20年以上、音信不通

である」という例をあげていることに関して、「20年以上、音信不通で家族関係が壊れている場合は照会しないことになっているが、20年にこだわる必要はないのではないか。今より弾力的に運用できるように努力していきたい」と答弁したのである。

内容的には不充分だが、厚生労働大臣がこの問題で初めて運用の見直しに言及したのは、この間のキャンペーンの成果だと言える。

菅首相も8日の衆院予算委員会で扶養照会に言及し、「より弾力的に運用できるよう、今厚生労働省で検討している」と答弁した。

ただ、「弾力的運用」では問題は解決しない。私たちはあくまで扶養照会の運用を抜本的に見直し、「本人の承諾なしで、福祉事務所が勝手に親族に連絡をすることをやめる」という新たな原則を確立することを求めている。

厚生労働省は、私たちからの要望に応える形で、昨年12月下旬から公式サイト上で「生活保護の申請は国民の権利です」という広報を開始した。

しかし、私は扶養照会の仕組みを変えなければ、生活保護の利用を権利として確立することはできないと考えている。本人が嫌だと言っているにもかかわらず、福祉事務所が親族に問い合わせをしてしまうのは、プライバシーに関する自己決定権を放棄しろ、と言っているのに等しいからだ。それは制度を必要としている人の尊厳を傷つける行為に他ならない。

生活保護の利用を権利として確立するためには、プライバシーに関して本人の自己決定権を尊重する仕組みに変えることは不可欠だ。

2月26日、厚生労働省は扶養照会の運用を一部見直す通知を発出した。この通知により、DVや虐待のある場合は親族に連絡をしないということが明確になり、「一定期間（たとえば十年程度）、音信不通が続いている」、「親族から借金を重ねている」等の事情がある場合も扶養照会を行わなくてよいということになった。この見直しは照会の範囲を今まで以上に限定するものであったが、私たちが求めてきた「本人の意思の尊重」という点では不充分であった。個々の親族に連絡をするかどうかは、あくまで役所が一方的に判断する、と読める内容だったのである。小手先の変更ではなく、扶養照会の抜本的見直しを求めていきたい。

※追記

扶養照会の抜本的見直しを求めるネット署名の賛同は5万8千人を超えた。私たちはさらなる改善を求め、3月17日、厚労省に再度の要望を行った。

その場で私は、「厚労省が『生活保護は権利』という広報を始めたのは評価しているが、『本人がいくら拒否しても、役所は問答無用で親族に連絡できる』という仕組みが残っていれば、『権利』とは言えない。生活保護制度の目的の一つは、利用者の自立を助長することであるが、本人の自己決定権を尊重しなければ、役所は本人との間に信頼関係を構築できず、保護の目的も達成できなくなるのではないか」と指摘した。

こうした私たちの声が届いたのだろうか。3月末、厚労省は福祉事務所職員の実務マニュアルである「生活保護手帳別冊問答集」の内容を一部改訂するという通知を新たに出した。そこには、生活保護の申請者が扶養照会を拒んだ場合、その理由について「特に丁寧に聞き取りを行い」、照会をしなくてもよい場合にあたるかどうかを検討するという対応方針が新たに示されたのである。また、扶養照会を実施するのは「扶養義務の履行が期待できる」と判断される者に限る、という点も明確になった。

この改訂は、私たちの要望に対する満額回答ではなかったが、ご本人の意向を尊重するという方針が示されたことは評価したい。少なくとも「問答無用で親族に連絡をとる」ということはできなくなったのである。

今後とも、抜本的な見直しに向けて働きかけを継続していくが、当面は厚労省が示した新方針が周知徹底され、利用者本位の仕組みに変わっていくことを期待したい。

第5章

2021年春

【2021年3月】横浜市「水際作戦」告発があぶり出したものは

3月9日、横浜市神奈川区役所の会議室。

区の福祉保健センターの担当部長をはじめとして、課長、係長ら5人の職員が一斉に立ち上がり、深々と頭を下げた。

「今回の案件につきまして、A様の心配事に寄り添えずにきちっとした相談対応ができなかったこと、生活保護の申請をしたいとお話されているにもかかわらず、結果的に申請を受けなかったことは、大変、申し訳ございませんでした」

私は職員たちの後頭部を見つめながら、既視感を拭うことができなかった。

写真5-1　謝罪する横浜市神奈川区の福祉健康センター職員

◆虚偽説明を繰り返した福祉事務所職員

横浜まで足を運んだのは、2月22日、神奈川区の福祉事務所で生活保護の申請に訪れた20代の女性（Aさんとする）に対して、面接担当の職員が悪質な「水際作戦」（生活保護の窓口で相談者に申請をさせないこと）を行ったことに抗議するためである。

住まいを失って相談に来た女性がアパートに入って生活したいと訴えたにもかかわらず、対応した職員は「ここの場合、家のない状態だと、施設にご案内する形になっている」、「申請したとしても、所持金額（約9万円）が基準を超えているので却下になる可能性がある」等と、制度に関する虚偽の説明を繰り返した。

Aさんは自作の生活保護の申請書を持参していると言ったものの、職員は「申請の紙は、お申込みの時にお渡しするので、前もってお渡しするということはしていない」と断言し、申請書を受け取ろうとはしなかった。

困ったAさんは、Twitterで支援団体関係者に相談。私たち

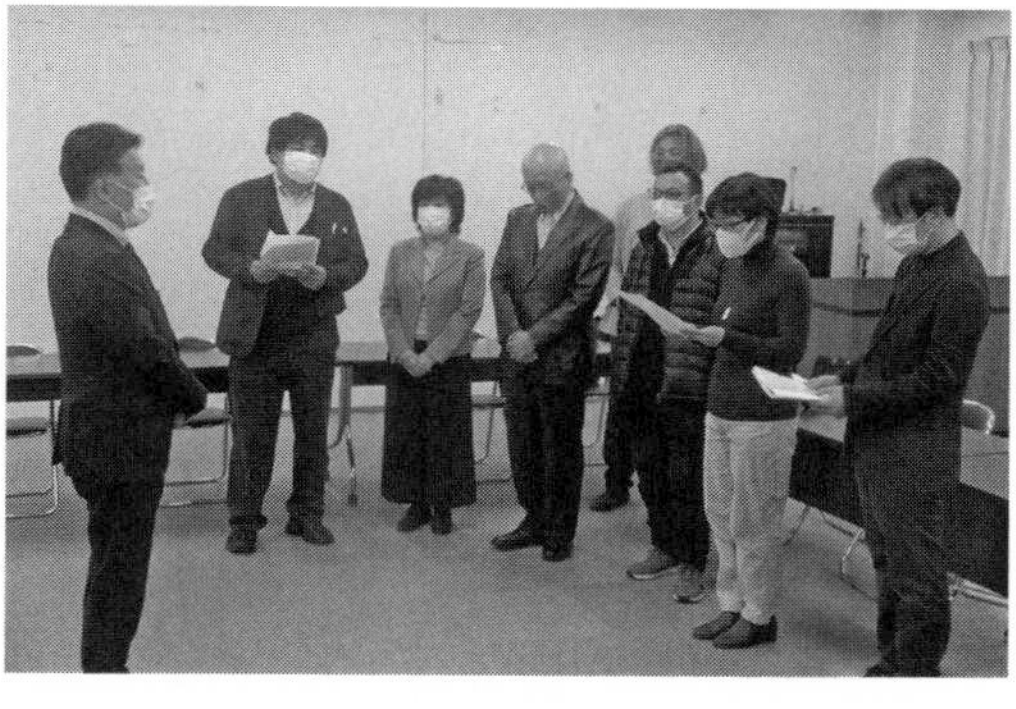

写真5-2　神奈川区福祉事務所への抗議・申入れ

が引き継いで支援した結果、彼女は他の自治体で生活保護を申請することができたが、神奈川区の不当な対応を糺すため、私が代表を務めるつくろい東京ファンドなど6団体は、3月9日、神奈川区福祉事務所に抗議・申入れを行った。申入れにはAさんも参加し、担当部長はその場で本人に謝罪した。

◆全国で続発する「水際作戦」

同日夕方、横浜市も市役所で謝罪会見を行った。市の担当者は、Aさんに制度に関する誤った説明をしたことを認め、謝罪をした上で、今後、職員に対し、面接時の適切な取扱いについて周知し、当事者の意思を尊重した対応を徹底すること、生活保護制度についての職員研修を強化する等の再発防止策を実施することなどを発表した。

横浜市がすぐに謝罪に追い込まれたのは、Aさんが窓口でのやりとりをスマートフォンで録音していたのが、動かぬ証拠になり、言い逃れができなくなったからではないか、と私は考えている。同様の水際作戦は、他の自治体でも頻発しているが、私たちが抗議はしても、「そんなことは言っていない」と事実認定において水かけ論になってしまうことが多いからだ。

生活保護法には「居宅保護の原則」があり、施設の入所を強制することは禁じられている。

しかし、実際には横浜市に限らず、住まいのない状態の生活困窮者が相談に訪れた際、施設に入所することを生活保護の前提であるかのように説明をしている自治体は少なくない。

厚生労働省は公式サイトの生活保護紹介ページで、「住むところがない人でも申請できます」「例えば、施設に入ることに同意することが申請の条件ということはありません」とわざわざ説明をしているが、現場ではそれが守られていない実態がある。

福祉事務所が紹介する宿泊施設の多くは、相部屋の環境になっているため、コロナの感染リスクやプライバシーを考慮して忌避する人は少なくない。職員もそのことを理解しているはずだが、施設入所以外の選択肢をあえて示さないことにより、生活保護申請をあきらめさせる、というソフトな水際作戦は各地で横行している。

今回、神奈川区はAさんに対して、当面、ホテルやネットカフェでの宿泊を認め、早期にアパートに移るための初期費用を支給する、という対応を取ることもできたはずであった。しかし、対応した職員は面談の冒頭から「おうちのない状態だと、ホームレスの方の施設があって、そちらに入ってもらう。そちらは女性の方なので女性相談になる」と、施設入所が前提であるとの説明を行っていた。

また、神奈川区の部長は、Aさんに直接、謝罪する際も「結果的に申請を受けなかった」という表現を使い、追い返しの意図はなかったと釈明したが、録音記録は今回の対応が組織的なものであった可能性を示している。

Aさんの面談を行った職員は、途中、席を立ち、同僚に対応の相談に行っており、しばらく帰ってこなかった。戻った後の対応は、さらに悪化しており、「所持金額（約9万円）が基準を超えているので、申請しても却下になる」と嘘の説明を繰り返し、Aさんを申請断念に追い込んでいくプロセスが克明に記録されている。

こうした経緯は、今回の水際作戦がこの職員個人の問題ではなく、所内で意図的な追い返しが日常的に行われていたことをうかがわせるものである。

横浜市は現在、昨年12月から今年3月9日までの全ての区の生活保護窓口での面接相談記録を総点検し、不適切な事例が他にもあった場合、相談者にあらためて連絡をするとしている。

Aさんは自分のような被害に遭った人が他にもいるのではないか、ということを心配していた。彼女の勇気ある告発が、生活保護行政の改善につながることを願ってやまない。

私が神奈川区の部長らの謝罪に既視感を感じたのは、他の自治体でも同様の謝罪シーンを何度も見たことを思い出したからである。

◆1年半で5自治体が謝罪。台東区は避難所への入所拒否

数えてみると、私がこの1年半で自治体への抗議・申入れに参加し、責任者が謝罪したケースは、今回で5回目にのぼる。

1回目は、1年半前の台東区への申入れである。

２０１９年10月、大型の台風19号が関東地方を直撃した日、台東区の自主避難所で路上生活者が入所を拒否されるという事件が起こった。

写真5-3　台東区への申入れ

私たちは地元のホームレス支援団体とともに台東区に抗議し、台東区長は謝罪コメントを発表した。災害時に住まいのない人は避難所で受け入れないという区の方針の策定には、福祉事務所も関与していたことも明らかになった。

台東区はその後、災害時に路上生活者を受け入れる避難所を設置するという方針を示している。

２０２０年６月には、新宿区に申入れを行った。

当時、緊急事態宣言の影響でネットカフェが休業になり、そこで寝泊まりをしていた人たちへの緊急支援策として、東京都がビジネスホテルの提供を行っていた。

ビジネスホテルを活用した宿泊支援は、東京都の窓口だけでなく、各区の窓口でも受付が行われていたが、新宿区は独自の判断で5月末に宿泊の延長を打ち切り、87人を一方的にチェックアウトさせるという事件が発生した。

この問題は宿泊支援を打ち切られて、路上生活に追いやられた人が私たちに相談をしたことで発覚し、私たちが抗議した結果、新宿区長は謝罪コメントを発表。新宿区福祉事務所は支援を打ち切った人々に個別に電話をして連絡をとり、連絡がついた人の宿泊支援は再開された。

２０２０年10月には、足立区に申入れを行った。

写真5-4　新宿区への抗議活動

足立区では、住まいのない状態から生活保護を申請し、ビジネスホテルに宿泊していたアフリカ出身の日本国籍の男性が、開始からわずか4日後に保護を廃止されるという問題が発生した。

足立区福祉事務所は、保護が決定した10月8日（木）と翌9日（金）に計3回、ホテルのフロントに電話をして、折り返しの連絡をするように伝言したものの、男性から連絡がなかったため、男性が失踪したと判断し、週明けの12日（月）に廃止処分を行っていた。

実は、男性はその間もホテルに宿泊をしており、ホテルの部屋の電話機から役所に電話をしようとしたものの、かけ方がわからなかったようである。生活保護が廃止になった結果、男性は路上生活に追い込まれてしまった。

この異例の廃止決定に対し、私たちは足立区福祉事務所長宛に抗議文を提出したが、所長は私たちとの話し合いの場で、廃止決定は適正な手続きであったと譲らなかった。

そこで、私たちは後日、あらためて区長宛の抗議・要請書を提出。事態を深刻に受け止めた区の上層部が総務課を窓口にして（福祉事務所には関与させない形で）調査を行った結果、足立区はようやく廃止処分が誤りであったと認め、副区長が直接、本人に謝罪を行った。生活保護の廃止処分は撤回され、保護は再開された。

写真5-5　足立区副区長による謝罪

この件で当初、非を認めなかった所長は別の部署に異動になった。

足立区に申入れを行った2020年10月には、杉並区高円寺福祉事務所にも申入れを行った。

私たちはコロナ禍の影響で住まいを失った人の生活保護の申請支援に力を入れているが、生活保護を申請して、ビジネスホテルや個室シェルターに滞在することになっても、役所の担当者がなかなかアパートへの転宅を認めてくれない場合が少なくない。

生活保護制度には、敷金・礼金等、アパートの入居に必要な初期費用を支給する仕組みもあるが、コロナで失職するまでアパート生活をしていた人に対しても、「本当に一人暮らしが可能かどうか、見極める必要がある」等と言って、アパート移行を渋るのである。

杉並区高円寺福祉事務所では、こうした事例が複数あったため、私たちは区議会議員の協力のもと、所長との面談を設定し、早期のアパート入居を認めるよう申入れを行った。

その結果、アパート転宅を渋られていた複数の人について早期の転宅が認められることになったのだが、話し合いの場で問題になったのは高円寺福祉事務所所長の不適切発言であった。

所長は、私たちとの話し合いが始まるとすぐに、申入れの趣旨とは無関係に、自身の経歴を長々と話し出した。

その内容は、自分はかつて上野にあった更生施設（生活保護法に基づく公的な宿泊施設）で働いていたことがあり、そこでは入所者に心理判定を行っていた、その中には「精薄（精神薄弱）」の人も少なからずいた、というものであった。おそらく、生活保護の利用者にはさまざまな障害や疾患を抱えている人が多いので、アパート入居をすぐ認めることはできない、ということを示唆したかったのであろう。

「精神薄弱」という語は、過去に使用されていたが、誤解を招く言葉であり、差別的であるという指摘が相次いだため、1998年に制定された「精神薄弱の用語の整理のための関係法律の一部を改正する法律」で「知的障害」という語に置き換えられた経緯がある。

私は、福祉現場で長年働いてきた所長の知識や認識がバージョンアップされていないことに驚き、「障害者権利条約も、障害者差別解消法もなかった前世紀の話はやめてください」と言って、彼の発言をさえぎった。

他の参加者からも所長の発言は差別的だという批判が相次ぎ、所長は自分の言葉が不適切であったと認め、その場ですぐに謝罪し、頭を下げた。

◆自治体現場での人権感覚欠如と根深い差別意識

1件目の台東区から今回の神奈川区に至るまで、自治体の管理職が謝罪したすべてのケースに共通するのは、住まいを失った人たちへの対応に関連して、不適切な言動が起こっているということである。

いずれの事案においても、ホームレス状態にある人に対して、市民としての当たり前の権利を保障するという観点が行政側に欠落しているということが明らかになった。

その背景には、「ホームレス」を「状態」として捉えるのではなく、ある種の「属性」として捉えるという根深い差別意識があるのであろう。

私が代表を務めているつくろい東京ファンドでは、都内の他団体と連携をして、「ハウジングファースト」型のホームレス支援活動を展開している。

「ハウジングファースト」とは、「住まいは基本的人権である」という理念のもと、住まいを失った生活困窮者に対して、安定した住まいを無条件で提供した上で、地域での生活を支えていく、という支援アプローチである。

それに対して、福祉行政の関係者の多くは、未だに「施設ファースト（施設入所前提）」という考え方にとらわれている。ホームレス状態にある人は、生活上の困難を抱えている人が多いので、まずは施設に入ってもらった上で、「一人暮らしをしても問題ない」と行政が認定した人だけ、アパートに移す、という考え方である。

しかし、コロナの感染が広がり、相部屋の施設への入所が感染リスクにもつながるという事態になったことを受け、昨年の春以降、私たちは東京都や各区に働きかけ、施設ではなくビジネスホテルの活用と早期のアパート転宅を求めてきた。

その結果、現在、住まいのない状態の生活困窮者が東京都内の福祉事務所で生活保護を申請した場合、１ヶ月程度、ホテルに滞在して、その後、すぐにアパートに入居する、というルートが確立しつつある。区市により対応の差はあるものの、「ハウジングファースト」に近い運用が一部では実現しているのだ。

◆住まいは基本的人権

だが、東京都以外の地域では、こうした運用はまだ一般的ではない。Aさんが相談をした横浜市では、まだ「施設ファースト」の対応をしているのであろう。

また、都内の福祉事務所の中でも、従来の考え方にとらわれ、ホテルの活用や早期のアパート転宅を「ぜいたくだ」と感じている職員も多いのではないかと、私は推察している。そうした差別意識が、新宿区や足立区のような不適切な対応や杉並区の所長の発言に現れているのであろう。

コロナの感染が収束していけば、「ホテル活用や早期のアパート転宅はコロナ禍での特別な対応であった」ということにされ、また「施設ファースト」へと逆行させようとする動きが強まるであろう。

「プライバシーが保たれた空間で暮らすことは決してぜいたくではなく、すべての人に保障されるべき基本的人権である」

行政の福祉担当者の間で、こうした認識が定着をするまで、私たちは声を大にして言い続ける。

【2021年4月】「住宅危機」

――長期のコロナ禍で深刻化の一途

新型コロナウイルスの変異株を主体とした第四波が各地で猛威を振るう中、雇用の悪化が長期化、深刻化している。

厚生労働省のまとめによると、コロナの影響で解雇・雇い止めされた人は昨年2月以降、累計で10万1515人（4月16日現在、見込みを含む）になった。業種別では製造業が約2万2千人と最も多く、小売業、飲食業、宿泊業でもそれぞれ1万人を超えている。

しかし、この人数は全国の労働局やハローワークで把握している数字なので、実際の失業者はもっと多いと見られている。雇用は継続してもシフトが減って実際は働けていない人など、「隠れ失業」状態にある人は、数十万人にのぼると言われている。

こうした雇用の悪化は、生活困窮者支援の現場にも深刻な影響を与えている。

ホームレス支援団体のNPO法人TENOHASIが東京・池袋の公園で定期的に実施している食料支援に集まる人の数は、昨年春以降、増加の一途をたどり、今年3月27日には340人がお弁当を求めて列を作った。これはコロナ以前の約2倍にあたる人数である。

また、以前はこうした炊き出しの場に集まる人のほとんどが中高年の単身男性であったが、最近では女性や若年男性、親子連れの姿も目立つようになっている。

「ステイホーム」が呼びかけられる中、生活に困窮し、住まいを失う人が増加する「住宅危機」が深刻化しているという状況を踏まえ、全国の生活困窮者支援団体は居住支援に力を入れている。

ここでは手前味噌だが、私自身が関わっている2団体の活動について紹介したい。

◆「個室シェルター」で緊急支援、住宅確保もサポート

私が代表理事を務めている一般社団法人つくろい東京ファンドは、都内の空き家や空き室を活用した個室シェルター事業を２０１４年から展開してきたが、昨年春以降は個室シェルターを34室増設し、コロナ禍の影響で住まいを失った方々への緊急支援に取り組んでいる。

個室シェルターは、アパートの空き室を団体で借り上げており、各部屋には着の身着のままの状態の方がすぐに生

写真5-6　つくろい東京ファンドの個室シェルターの室内

活できるように、最低限の家電製品や寝具が設置されている。入居期間は3～4ヶ月で、その間にスタッフが自分名義の住まいを確保してもらうためのお手伝いをしている。

つくろい東京ファンドが昨年4月から今年3月までの間、個室シェルター提供や生活保護の申請同行など直接的なサポートをした人は92世帯94人にのぼった（一度だけの相談や他団体と連携して運営しているシェルターに入居した人は除く）。

写真5-7　個室シェルターの備品

◆退所者の多くが自分名義のアパートへ

この94人の属性や状況をまとめると、下記のようになる。

・94人中、男性は82人（87・2％）、女性は12人（12・8％）。
・住まいのある人は7人、路上生活やネットカフェ生活など、住まいのない状態の人は87人。
・年齢は17歳から71歳までと幅広く、平均年齢は43・2歳。30代以下が全体の約4割を占めている（10代5・3％、20代17・0％、30代18・1％）。
・94人中、団体のスタッフが同行して生活保護を申請した人は79人（84・0％）。残り15人（16・0％）は従来からの仕事を続ける等、生活保護以外の方法で生計を立てている。
・住まいがない状態の87人のうち、59人は団体で運営している個室シェルターに入居し、24人は東京都が生活困窮者向けに借り上げているビジネスホテルに入居した。残りの4人は公的な施設等に入所した。

・87人中、現在もシェルター等に入居中の人は18人。すでに退所した69人のうち、自分名義のアパートに移った人は53人、グループホームやシェアハウスに入居した人は3人、住み込みの仕事に就職した人は2人、他施設など3人、行方不明8人となっている。

・相談時に住まいのあった7人については、全員、その後も従来の住まいを維持できている。

◆東京都はビジネスホテルを活用した住宅支援を導入

昨年4月以降、東京都は住まいを喪失した生活困窮者のためにビジネスホテルの提供を行っており、都内の各区・市で生活保護を申請した人も、当面の宿泊場所として都が借り上げたホテルを利用することが可能になっている。

従来、首都圏で住まいのない人が生活保護を申請すると、民間の宿泊施設に誘導されることが多く、これらの施設の中に多人数部屋の劣悪な環境の施設（いわゆる「貧困ビジネス」施設）が含まれていることが問題になっていた。

コロナ禍では多人数部屋は感染リスクもあるため、私たちが要望した結果、都は施設ではなくビジネスホテルの個室を活用した宿泊支援に踏み出した。その運用にはさまざまな問題点があったが、ホテルの活用は東京都以外の自治体では行われていない事業であり、生活困窮者のプライバシーを守り、感染リスクを下げるという観点からも評価できる取り組みである。

だが、生活保護申請者が都のホテルを利用する際、その期間は原則１ヶ月と設定されていることが多い。１ヶ月以内にアパートが見つかれば、生活保護から転宅費（敷金・礼金等の初期費用）を出してもらえるのだが、利用者の中には本人確認書類や携帯電話を持っていない人も多いため、１ヶ月で部屋を探すのが困難な方もいる。特に、過去に家賃滞納歴や犯歴のある人は入居審査で落とされることも多いため、部屋探しに時間がかかる傾向がある。

１ヶ月で部屋が見つからない場合、ホテルの宿泊期間を延長することで柔軟に対応している自治体もあるが、民間の施設に移るように言われてしまうケースも少なくない。そこで、部屋探しに時間がかかりそうな人については、つくろい東京ファンドの個室シェルターに入ってもらった上で、不動産店への同行やスマートフォンの無償貸与など、部屋探しに必要な支援を行っている。

この結果、東京都内で住まいを失った人については、「生活保護申請→ビジネスホテル or 個室シェルター→アパート」という住宅確保のルートを作ることができている。

これにより、生活保護を申請した人については早期にアパート確保ができる見通しがついたが、相談者の中にはさまざまな事情により生活保護を利用したくない人、もともと従事してきた仕事の収入だけで住まいを確保したいと考えている人もいる。

だが、仕事を継続できている人もほとんどの場合、年収２００万円未満のワーキングプア状態なので、民間賃貸住宅の確保には大きなハードルがある。東京都内では、家賃が安い賃貸住宅を借りる際にも、敷金・礼金等の初期費用が十数万円かかるのが一般的だからだ。

◆初期費用を提供する「おうちプロジェクト」展開

賃貸住宅を借りる際の初期費用というハードルをクリアするため、私が共同代表を務めている認定NPO法人ビッグイシュー基金では、米国のコカ・コーラ財団からの助成金（50万ドル：日本円にして約5357万円）を原資に「おうちをあなたに――コロナ困窮者の住宅確保応援プロジェクト」（略称：おうちプロジェクト）と題した居住支援のプロジェクトを昨年8月から展開している。

このプロジェクトは、コロナの影響により住まいや仕事を失った人、定まった住まいを持たない人などを対象に、新たに賃貸住宅を借りる際の初期費用や新生活で必要になる家電・家具などの費用を最大25万円まで提供するというものである。

コロナの影響は非正規労働者だけでなく、フリーランスや自営業で働いてきた人も直撃しているが、このプロジェクトは、広い意味でのホームレス状態にある人だけでなく、もともと自分で賃貸住宅を借りていたが、コロナの影響で収入が激減し、安い賃料の物件に転居せざるをえないという人も対象にしてい

図5-1 「おうちプロジェクト」とは

る。

プロジェクトは、東京・大阪など各地で生活困窮者を支援している18の団体との協働で実施されており、今年3月末までに全国で131世帯の方の住宅を確保することができた。今年8月までの1年間で計200世帯の住宅確保を応援することを目標としている。

「おうちプロジェクト」の利用者の中には、路上生活者の仕事作りのための雑誌『ビッグイシュー』を販売する仕事をして、ネットカフェ等に宿泊をしてきた中高年男性もいれば、親族の家や知人・友人宅に居候をしていた若者、支援団体のシェルターに宿泊している女性など、さまざまな属性の方がいる。

私たちホームレス支援団体の関係者は、以前から「『ホームレス』というのは、『属性』を示す言葉ではなく、安定した住まいを持てないという『状態』を指す言葉である」と説明をしてきたが、一般的にホームレス問題は「路上生活をしている元日雇労働者の中高年男性」や「ネットカフェ生活をしている非正規雇用の若年男性」等、特定の属性に結び付けられて語られることが多かった。

しかし、コロナ禍の影響で住まいを失う人がかつてないほど多様化したことにより、皮肉なことに「『ホームレス』は『属性』ではなく、『状態』である」という言葉が実証されるような事態が到来してしまっていると言えよう。

◆居宅支援は行政が担うべき事業だ

全国の200世帯の住宅確保を応援する「おうちプロジェクト」は、私の知る限り、民間では過去最大規模の居住支援事業だが、本来、こうした支援は行政が実施すべきものであると私は考えている。

コロナ禍の経済的影響で賃貸住宅の家賃を滞納せざるをえない人が増えていることを受けて、昨年春以降、賃貸住宅の家賃を一定期間、補助する住居確保給付金の申請件数が急増している。昨年4月から今年2月までの申請件数は、全国で14万4467件（速報値）にのぼっているが、これは前年度実績の30倍を優に超える数字になっている。

住居確保給付金を活用することで、今ある住まいを確保できている人はたくさんいるが、この制度には賃貸住宅の初期費用を支給するスキームが存在しないため、いったん賃貸住宅を退去し、安定した住まいを失ってしまった人はこの制度を利用する道が実質的に閉ざされてしまっている。

「おうちプロジェクト」は、その制度の隙間を埋めることを目的に構想した事業であるが、民間プロジェクトとしては過去最大規模であったとしても、公的な支援制度に比べるとその規模は微々たるものである。もし、住居確保給付金などの公的制度の中に、民間賃貸住宅の初期費用を支給するメニューがあれば、この一年間に何千、何万という人々が制度を利用できたであろう。

アパートの空き室を活用した個室シェルター事業や民間賃貸住宅の入居に必要となる初期費用を支給する事業は、民間の専売特許ではない。

各民間団体が寄付金や助成金を原資に取り組んでいる居住支援事業を行政がモデルとして取り入れ、当事者のニーズにあった公的な居住支援事業が展開されることを期待したい。

【2021年5月】
参議院厚生労働委員会での参考人発言

2021年5月6日、私は参議院厚生労働委員会に参考人として呼ばれ、以下の発言を行った。

本日は貴重な機会を与えていただき、ありがとうございます。私からはコロナ禍における生活困窮者支援活動の現場からの報告とそこから見えてきた公的支援の課題についてお話ししたいと思います。

5月3日と5日に私たちが開催した「ゴールデンウィーク大人食堂」には、2日間で約660人もの方々が来られました。コロナ以前、こうした食料支援の現場に来られる方のほとんどが中高年の単身男性でしたが、今では10代、20代の若者、女性、お子さん連れ、外国籍の方など、世代や国籍、性別を問わず、さまざまな方が支援を求めて集まるようになっています。私はこれまで27年間、生活困窮者支援の活動を続けてきましたが、これほどまでに多く、多様な方々が困窮している状況は、バブル崩壊、リーマンショックを含め、過去に見たことがありません。

この一年間、民間で生活困窮者支援に関わる私たちは、「貧困の現場では緊急事態が発生している」、「社会の底が抜けている」と言い続けてきました。しかし、各地の炊き出しに集まる人の数は増え続け、日々、最悪の事態を更新し続けています。

首都圏の40以上の団体でつくるネットワーク「新型コロナ災害緊急アクション」では、メールフォームによる相談窓口を開設し、この一年間で６００件以上の相談に対応するとともに、「所持金が数十円しかない」「今晩から野宿をせざるをえない」といった緊急性の高い相談にはスタッフが駆けつけて支援をするというアウトリーチ型の支援活動を続けてきました。

コロナ禍の長期化に伴い、経済的困窮だけではなく、精神的にも疲弊しきっている方からの相談が増える傾向にあり、死ぬことを考えていると話す20代、30代の若者からのＳＯＳが増えています。

私は昨年春以降、貧困の急速な拡大に対応するためには、最後のセーフティネットである生活保護を徹底的に活用すると同時に、その手前の支援策を大幅に拡充する必要があると訴えてきました。

しかし、政府は昨年に一度、10万円の特別定額給付金を支給しただけで、社会福祉協議会の特例貸付を拡充することで急場を乗り切ろうとしました。コロナの長期化を踏まえ、特例貸付が今年２月に２００万円まで増額されたため、現在、貸付の２つのメニューの総額は８４００億円を超え、申請件数は２０９万件を超えています。その結果、現場では何が起こったのでしょうか。

「関西社協コミュニティワーカー協会」が全国の社協の職員１１８４人を対象に実施したアンケートには、次のような職員の声が寄せられています。

「貸付以外の支援施策が未だ打ち出されないことが、相談現場で苦しい」

「延長まで借り切った人や、年齢的に就労につながらない（そもそも仕事が少ない）人たちにどう支援していけばいいのか、悩む。また苦しい状況の人に借金をさせている、これが福祉なのか疑問に思う」

「金銭面での支援が必要なのであれば、貸付ではなく給付という形を検討してもらいたい」

「今のままでは、生活ができず貧困によって亡くなる方が増えそうで心配です」

「コロナの影響がこれだけ長期化することを、国のリーダーや識者を含めて誰も知り得なかったのかという疑問がある」

コロナ禍における政府の最大の貧困対策が給付ではなく、貸付であったことについて、現場の職員が最も矛盾を感じているのです。

また、「丁寧な相談支援ができないジレンマ」を全体の76％の職員が抱えており、生活保護につなげようとしても、福祉事務所の窓口で拒否されるので、今後の支援に悩んでいるという声もありました。

社協の貸付については、借り受け人と世帯主が住民税非課税世帯であれば償還を免除するという方針が示されていますが、この収入基準は厳しすぎるので緩和すべきです。また、家賃の負担を少なくするために家族と同居して家計は別にしているという若者らが、償還免除の対象から外されてしまう危険性もあります。

私の知り合いの社協職員は「貸付の利用者は、ほかのカードローン、クレジット、リボ払い等も満額まで借りている人が少なくない。社協の貸付を実際にほかの債務の返済に充てている人も多いと思われる。自殺者が多かった時代は多重債務による生活苦が主な理由だったが、その再来がもう目前に来ているという感覚がある」と危機感を語っています。他の先進国と違い、現金の給付ではなく貸付で対応しようとした弊害はあまりに大きいと言わざるをえません。

最後のセーフティネットである生活保護は、昨年秋以降、申請者数が増えていますが、今年1月の申請者数は前年同月比で7・2％増と、微増にとどまっています。民間の食料支援に集まる人がコロナ以前と比べ、倍増しているのと対照的です。

生活困窮者が増えているにもかかわらず、生活保護利用が進まない背景には、三つの要因があると考えます。

一つ目は広報の不足です。厚生労働省は昨年12月より公式サイトにおいて「生活保護の申請は国民の権利です」という広報を始めましたが、ネットでの広報には限界があります。一部の政治家が主導した過去のバッシングによって浸透したマイナスイメージを払拭するためには、テレビコマーシャルや駅の広告など、さまざまなツールを活用した広報を行う必要があります。マイナンバーカード並みの予算を投入して広報を展開してほしいと望みます。

二つ目は、各地の福祉事務所による水際作戦です。

今年2月、生活に困窮して住まいを失った20代の女性が横浜市神奈川区に相談に行ったところ、生活保護に関する虚偽の説明をされ、追い返されるという事案が発生しました。神奈川区は後日、謝罪をしましたが、同様の水際作戦は各地で頻発しています。

新型コロナ災害緊急アクションには、「若いから生活保護は無いと言われた」、「もっと仕事を真剣に探しては、と言われた」、「住民登録がないからダメと言われた」等、違法な追い返しをされたという相談が相次いでいます。

こうした水際作戦をなくすために、生活保護のオンライン申請を導入すること、各自治体の窓口で相談者が手に取れる場所に申請書を置くことを求めます。

三つ目に、制度上のハードルがあります。

最大のハードルである扶養照会については、今年4月以降、申請者の意向が一定程度、尊重される運用に変わりましたが、まだ現場では徹底されていません。さらに一歩進め、申請者の同意がなければ、親族に連絡をしてはならないということを明記した通知を出してほしいと思います。

また、車の保有や申請時の預貯金額などの資産要件も大幅に緩和し、生活保護の利用者数を政策的に増やしていくことが求められています。２０１３年以降、引き下げられてきた生活扶助基準も元に戻す必要があります。

生活保護の手前において、もう一度、一律の給付金を支給する、住居確保給付金の支給期間を撤廃して、普遍的な家賃補助制度へと改編するなどの現金給付を思い切って拡充すると同時に、生活保護そのものも利用しやすくする、という両面作戦を行わなければ、現下の貧困拡大には対応できません。

また、難民申請中で仮放免中の方を含め、制度から排除されている外国籍の方々の医療や住まい、生活を保障する支援策を行わなければ、いのちの問題に直結すると大変、危惧をしています。

「自助も共助も限界だ」、「今こそ、公助の出番だ」と、私たちはこの一年間、叫び続けてきました。

しかし、生活困窮者支援の現場では、依然として「公助」の姿が見えません。政府は一体、どこにあるのでしょうか。

この国に政府が存在している、ということが現場からは見えないのです。

いま、この瞬間、家を追い出されて、路上に追いやられる若者がいます。

いま、この瞬間、おなかをすかしている子どもがいます。その子どものために炊き出しに並ぶ親御さんがいます。

そして、いま、いのちを断つことを考えている大勢の人たちがいます。

その人たちに向けて、「日本には、政府がある。人々のいのちと暮らしを守る政府がある」ということを行動で示してください。

「貧困に苦しむ人々の声を聴く政治がある」ということを今すぐ行動で示してください。

私からの報告とお願いは以上とさせていただきます。ご清聴ありがとうございました。

あとがき――アフターコロナの「せめぎ合い」のために

２０２０年11月16日の未明、東京都渋谷区幡ヶ谷のバス停で路上生活をしていた女性が、近くに住む男性に頭を殴打されて亡くなるという事件が発生した。５日後に傷害致死容疑で逮捕された容疑者は、「バス停に居座る路上生活者にどいてほしかった」と警察に供述したと報道されている。

殺害された大林三佐子さん（64歳）は、同年２月頃までスーパーの試食販売員として働いていたが、コロナによる影響で失職。４月頃からバス停のベンチで夜を明かすようになっていたという。亡くなった時の所持金は８円だった。

大林さんが夜間、過ごしていたバス停は幹線道路沿いにあり、周辺の住民たちは彼女の姿に気づいていた。事件後のニュースでは、テレビ局のインタビューに応じた複数の住民が「声をかけてあげれば良かった」と後悔の念を口にしていた。

事件後、私が共同代表を務めている認定ＮＰＯ法人ビッグイシュー基金の事務所には、「路上脱出・生活ＳＯＳガイド」を取り寄せたい、という問い合わせが急増した。「路上脱出・生活ＳＯＳガイド」は、各地のホームレス支援団体が実施している炊き出しのスケジュールや場所、生活保護の申請方法など、路上生活になってしまった方や、なりそうな方向けの官民の支援情報をまとめた無料の小冊子である。ビッグイシュー基金では、このガイドを各地の図書館や寺院、教会などに置いてもらうだけでなく、一般市民に配布をしてもらうよう呼びかけを行ってきたが、「自分の家や職場の近くに気になる路上生活者がいるので、ガイドを渡したい」という問い合わせがこの時期、急に増えたのである。渋谷区の事件を報道で知り、「このような悲劇を繰り返さないために自分に何ができるだろうか」と考えた人たちが、自らの想いを行動に移し始めたのだろう、と私は推察している。

自分の生活圏内に姿を現した路上生活者を排除したいと思う人がいる一方、支援の手を差し伸べようとする人がいる。社会の中、コミュニティの中、時には一人の人の中で、2つのベクトルがせめぎ合っている。

コロナ禍の渦中で発生した事件と、人々の事件に対する反応は、私にそのような想いを抱かせるものだった。

「排除か、支援か」というせめぎ合いは、コロナ禍において顕在化した貧困や差別から「目を背けるのか、向き合うのか」という選択と重なり合っている、と私は考える。

国際NGOのオックスファムは、2021年1月に発表した『不平等ウィルス』と題したリポートにおいて、「地球上で最も裕福な1000人はコロナ禍での損失をわずか9ヶ月以内に取り戻したが、世界の最貧困層が立ち直るには10年余りかかる恐れがある」と指摘。女性や黒人など歴史的に疎外され、抑圧されてきたコミュニティへの影響は特に深刻だったとした上で、「統計を開始して初めて、ほぼ全ての国で格差が拡大する可能性が高い」と警鐘を鳴らした。

日本も例外ではない。コロナ禍における貧困は、女性や外国人、非正規やフリーランスの労働者など、もともと社会の中で脆弱な立場に置かれていた人たちの間で拡大しており、「不平等ウィルス」は日本国内でも、社会に内在していた差別や不平等を増幅させる形で、貧困を拡大させた。

「はじめに」に書いたように、コロナ以前、私たちは「見えない貧困」をいかに可視化させるか、という課題に取り組んでいた。

コロナの影響により、思わぬ形で貧困が可視化され、私たちの社会のセーフティネットが穴だらけであることが白日のもとに晒された。その現実を多くの人々が目にしてしまった以上、コロナが終息したからと言って、もう貧困を見て見ぬふりはできないのではないか、という期待がないわけではない。

アフターコロナの社会では、コロナ禍で露呈した貧困や差別と向き合い、生活保護や住宅支援などの貧困対策を拡充すること、富裕層への課税強化など、積極的に格差を縮小する政策へと舵を切ること、社会全体で性差別や外国人差別、働き方をめぐる差別を解消していくことが求められている。

しかし、現実に起こりうる可能性が高いのは、コロナ後に逆向きの動きが強まるというシナリオである。

コロナ禍が過ぎ去れば、渦中で起こっていたことは忘れたいという空気が社会を覆うであろう。その空気に便乗し、この間、鳴りを潜めていた自己責任論や生活保護バッシングが復活。緊縮財政路線も息を吹き返し、「コロナ特例」として拡充されていた貧困対策も縮小しようという動きが出てくることは充分、予想できる。
２００８～０９年のリーマンショック時にも「年越し派遣村」等の活動により、貧困問題が可視化されたと言われていた。その後、政権交代で成立した民主党政権下において、一定程度、貧困対策は拡充されたものの、２０１２年には自民党の一部議員が主導する生活保護バッシングが起こり、生活保護基準引き下げへの流れが形作られてしまった。そうした過去の経緯を踏まえると、コロナ後のバックラッシュに警戒し過ぎるということはない、と私は思う。

私たちにできるのは、コロナ禍で露呈した社会の構造的な問題から目を背けず、直視し続けることである。そして、コロナ禍のもとで生じた人々の苦痛を忘れ去ろうとする動きに対して、抗議の声をあげ、社会の中に「せめぎ合い」を作り続けることだ。
本書が、そのための一助となることを願ってやまない。

緊急出版の申し出に迅速に応じてくださった明石書店の皆さま、いつも私を支えてくれるつれあいの小林美穂子と、愛猫のサヴァと梅、生活困窮者支援活動の中で出会った全ての方々に感謝いたします。

２０２１年６月　五輪開催が強行されようとしている東京で

稲葉　剛

初出一覧

■第１章　2020年春

【2020年３月】　朝日新聞社　言論サイト「論座」（以下、「論座」）https://webronza.asahi.com/ ［貧困の現場から］（39）2020年３月26日付「緊急提言：コロナ対策は「自宅格差」を踏まえよ――感染も貧困も拡大させない対策を」

【2020年３～４月】　集英社　情報・知識&オピニオン「イミダス」 https://imidas.jp/ ［もう一つの緊急事態！「誰も路頭に迷わせない」ソーシャルアクションの記録］（1）2020年４月14日付「コロナ禍の中で奮闘する生活困窮者支援の現場から」／（2）2020年4月20日付「コロナ禍の中で緊急性を増す生活困窮者支援の現場・その後」

【2020年４月】「論座」［貧困の現場から］（40）2020年４月28日付「ネットカフェ休業により路頭に迷う人々――東京都に「支援を届ける意思」はあるのか？」

【2020年５月】「論座」（41）2020年５月27日付　「生活保護のオンライン申請導入を急げ――相談者急増に伴う「福祉崩壊」を防ぐために」

■第２章　2020年夏

【2020年６月】「論座」［貧困の現場から］（42）2020年６月24日付「世界中の路上生活者を支えた猫の死――「反貧困犬猫部」と「ボブハウス」」

【2020年７月】「論座」［貧困の現場から］（43）2020年７月28日付「「感情」や「通念」で切り崩される人権保障――名古屋地裁で出された２つの判決を批判する」

【2020年８月】「論座」［貧困の現場から］（44）2020年８月26日付「貧困拡大の第二波と制度から排除される人々」

■インタビュー――居住支援の活動から　貧困研究会発行、明石書店発売『貧困研究』25号、2020年12月刊　特集「コロナ禍と貧困」より

■第３章　2020年秋

【2020年９月】「論座」［貧困の現場から］（45）2020年９月24日付「「自立支援」の時代の終焉を迎えて――住居確保給付金から普遍的な家賃補助へ」

【2020年10月】「論座」［貧困の現場から］（46）2020年10月26日付「「家なき人」に住民が声かけする街――コロナ禍で進む「路上脱却」の背景とは？」

【2020年11月】「論座」［貧困の現場から］（47）2020年11月26日付「年末の貧困危機、派遣村より大事なことは？」

■第４章　2020～21年冬

【2020年12月】「論座」［貧困の現場から］（48）2020年12月28日付「コロナ禍の年末、生活保護行政に変化の兆し――必要な時に遠慮なく使える「普通」の制度に」

【2021年１月】「論座」［貧困の現場から］（49）2021年１月25日付「底が抜けた貧困、届かぬ公助――コロナ禍の年越し炊き出し会場の異変」

【2021年２月】「論座」［貧困の現場から］（50）2021年２月24日付「「三方悪し」の扶養照会の抜本的見直しを――権利と尊厳が守られる生活保護に」

■第５章　2021年春

【2020年３月】「論座」［貧困の現場から］（51）2021年３月24日付「横浜市「水際作戦」を告発――生活保護の精神をないがしろにする自治体の現実」

【2020年４月】「論座」［貧困の現場から］（52）2021年４月25日付「「住宅危機」――長期のコロナ禍で深刻化の一途」

【著者紹介】

稲葉　剛（いなば　つよし）

1969年、広島県広島市生まれ。1994年から路上生活者を中心とする生活困窮者への支援活動に取り組む。

一般社団法人つくろい東京ファンド代表理事、認定NPO法人ビッグイシュー基金共同代表、住まいの貧困に取り組むネットワーク世話人、生活保護問題対策全国会議幹事、いのちのとりで裁判全国アクション共同代表、立教大学大学院21世紀社会デザイン研究科客員教授。

著書に『閉ざされた扉をこじ開ける』（朝日新書）、『コロナ禍の東京を駆ける』（共編著、岩波書店）、『ハウジングファースト』（共編著、山吹書店）、『貧困の現場から社会を変える』（堀之内出版）、『生活保護から考える』（岩波新書）など。

貧困パンデミック
寝ている『公助』を叩き起こす

2021年7月31日　初版第1刷発行

著　者　稲　葉　　剛
発行者　大　江　道　雅
発行所　株式会社　明石書店
〒101-0021　東京都千代田区外神田6-9-5
電　話　03（5818）1171
ＦＡＸ　03（5818）1174
振　替　00100-7-24505
http://www.akashi.co.jp

装丁　清水　肇（プリグラフィックス）
印刷／製本　モリモト印刷株式会社

（定価はカバーに表示してあります）　ISBN978-4-7503-5239-8